T0245706

Dan Zigmond

Un Buda
en la oficina

El antiguo arte del despertar
gracias al trabajo bien hecho

Traducción del inglés al castellano
de Fernando Mora

editorial Kairós

Título original: BUDDHA'S OFFICE by Dan Zigmond

© 2019 by Dan Zigmond

© de la edición en castellano:
2020 by Editorial Kairós, S.A.
www.editorialkairos.com

Edición publicada por acuerdo con The Laura Dail Literary Agency
a través de International Editors' Co.

© de la traducción del inglés al castellano: Fernando Mora
Revisión: Amelia Padilla

Fotocomposición: Florence Carreté
Diseño cubierta: Katrien Van Steen
Impresión y encuadernación: Romanyà-Valls. 08786 Capellades

Primera edición: Noviembre 2020
ISBN: 978-84-9988-764-7
Depósito legal: B 18.170-2020

Este libro ha sido impreso con papel certificado FSC, proviene de fuentes
respetuosas con la sociedad y el medio ambiente y cuenta con los
requisitos necesarios para ser considerado un «libro amigo de los bosques».

Sumario

acción fue negativa, ya que le pareció muy difícil. ¿Por qué entonces el budismo ha sobrevivido tanto tiempo?

reto. El Buda abandonó a su familia por su nueva carrera. Nosotros podemos hacerlo mejor.

Somos muchos los que nos sentimos definidos por nuestro trabajo. Nos sentimos validados por el éxito profesional y devastados por los fracasos de nuestra carrera. El «sustento correcto» es parte clave del Óctuple Sendero del Buda hacia la iluminación; sin embargo, la vida despierta contiene más aspectos que el trabajo.

¿Es la multitarea lo opuesto al mindfulness? ¿Cómo podemos concentrarnos cuando se nos exige que hagamos una docena de cosas a la vez? Asimismo, tenemos el reto especial que supone trabajar en casa.

¿Devoramos la comida en nuestro escritorio? Hay una opción mejor. Comer debería ser algo más que otra distracción en el trabajo.

En ocasiones, nuestro trabajo nos obliga a tomar decisiones difíciles e incluso dolorosas, pero también estas últimas pueden llevarse a cabo con compasión y respeto.

La mayoría de nosotros tendremos más de un trabajo en nuestra vida. Así pues, ¿cómo sabremos que ha llegado el momento de seguir adelante?

PARTE IV: PERFECCIONES

El Buda no dependía de la fe. Confiaba en los datos y quería que nosotros también confiásemos en nuestros propios datos.

¿Cómo podemos vivir en el ahora cuando estamos pendientes del reloj? ¿Cómo podemos permanecer en el hoy si tenemos una fecha límite el día de mañana?

Los *bodhisattvas* se comprometen a servir a los demás en todo lo que hacen. ¿Cómo conseguimos que nuestro trabajo vaya más allá de nosotros mismos?

Si ponemos en práctica todo lo que contiene este libro, ¿nos convierte eso en budistas? ¿Importa acaso? Al Buda no le importaba si nos convertíamos o no en budistas; lo que quería es que nos convirtiésemos en Budas.

Si nos ha gustado este libro, ¿qué deberíamos leer después?

Introducción:
El despertar en el trabajo

El Buda no trabajó ni un solo día de su vida. Nació hace unos 2.500 años, creció como un príncipe consentido en la antigua India, abandonó todas sus riquezas para convertirse en monje errante y terminó su vida como un venerado maestro espiritual; todo ello sin ganar nunca un salario.* No está claro si alguna vez manejó dinero, o si prohibió a sus seguidores más cercanos que lo hicieran.

Entonces, ¿por qué alguien querría saber lo que un holgazán como él tiene que decir acerca del trabajo?

Empecemos retrocediendo un poco. Hay algunas personas que, en la actualidad, todavía siguen el ejemplo literal del Buda y renuncian a las posesiones mundanas, viviendo su vida como monjes a tiempo completo. De hecho, probablemente más de lo que creemos; las estimaciones oscilan desde unos pocos cientos de miles a más de un millón en todo el mundo. Pero si estamos leyendo

---

* Y no es que estuviera ocupado realizando muchas tareas domésticas. Abandonó su hogar el día después de que naciera su único hijo, por lo que también es seguro asumir que no cambió ningún pañal antes de marcharse.

este libro, apuesto a que no somos uno de ellos, ni hemos decidido pasar nuestra vida enclaustrados en un templo o monasterio, y mucho menos vagando por los campos de alguna tierra lejana sin dirección fija. Para bien o para mal, la mayoría de nosotros, hoy en día, no vivimos como lo hicieron el Buda y sus principales discípulos. De un modo u otro, la mayoría pasamos gran parte de nuestra vida adulta trabajando.

Sin embargo, algunos de nosotros básicamente odiamos esa actividad. Hoy en día es un placer encontrar a alguien que de verdad ame su trabajo. Demasiadas personas invierten muchas horas en trabajos que no soportan. Los afortunados aguardan al fin de semana para recuperar un par de días de su vida *real*. Ahora bien, son muchos, con carreras muy estresantes, que ni siquiera hacen eso, soportando los sábados y domingos y apenas ralentizando su ritmo, confiando en una ansiada jubilación anticipada u otra recompensa futura. La mayoría de los estadounidenses ni siquiera se toman todas las vacaciones que se les permite.[1]

Y los pocos afortunados que aman su trabajo a menudo poseen sus propias frustraciones. Tal vez se trate de estrés permanente, de falta de recursos, o de un comportamiento miserable por parte de colegas o clientes, o quizás su trabajo esté bien y solo deseen tener un poco menos. Parece que todos los que tenemos una carrera exigente nos quejamos del desequilibrio entre el trabajo y la vida privada. ¿A alguien realmente le gusta responder correos electrónicos y mensajes de texto a todas horas? Los que competimos y luchamos de esta manera nos llevaremos una sorpresa. Un estudio efectuado en el año 2016 destacaba que el estrés relacionado con el trabajo era la quinta causa principal de muerte en los Estados Unidos,[2] y es posible que algunos no lleguen a la jubilación. (Más sobre este particular en el capítulo 2.)

Pero no tiene por qué ser de ese modo. Y el Buda lo sabía, hace 2.500 años, sin ni siquiera haber pisado jamás una oficina.

Cuando el Buda alcanzó su gran despertar –cuando literalmente se convirtió en *el* Buda, lo que significa el Despierto–, citó el «recto sustento» entre las ocho claves para llevar una vida iluminada. Sabía que, de alguna manera, el trabajo era importante, y que el trabajo *correcto* era esencial. Cuando viajaba por la antigua India, difundiendo la noticia de su nuevo camino de liberación espiritual, predicó no solo a otros monjes errantes como él (y, con el paso del tiempo, a monjas), sino también a aquellos a los que llamaba «cabezas de familia», a quienes animaba a seguir sus enseñanzas mientras permanecían en el mundo del trabajo cotidiano. Hace ya más de dos milenios, el Buda comprendió que la mayoría de nosotros pasamos buena parte de nuestra vida trabajando y tenemos que encontrar nuestra iluminación en ese ámbito.

El Buda se crio entre el uno por ciento de los privilegiados de su época y se convirtió en invitado de honor de reyes y reinas, pero también estaba rodeado de agricultores, artesanos y pequeños comerciantes que luchaban por sobrevivir. Las escrituras budistas, habitualmente llamadas *sutras*, se refieren a docenas de profesiones que ya se practicaban en la época del Buda, y su audiencia incluía a todo tipo de personas, desde la realeza hasta los esclavos.[3] Para la mayoría de las personas que escuchaban las palabras del Buda, el trabajo era una parte imprescindible e insoslayable de su vida cotidiana. No podía ignorarlo entonces, como tampoco nosotros debemos ignorarlo ahora. La iluminación no era algo solo para los monjes a tiempo completo, así que el Buda sabía que ayudar a la gente común a trabajar correctamente era esencial para ayudarles a encontrar su propio camino hacia el despertar.

Y de eso trata este libro: de cómo hacer que nuestro trabajo no sea una distracción, sino parte integral del auténtico despertar.

Este libro nos llevará a entender por qué el Buda, una persona que nunca tuvo un trabajo, eligió elevar el *recto sustento* a tamaña importancia. Y lo que es más relevante, exploraremos cómo encontrar una forma de trabajar que sea «recta» en todos los sentidos de la palabra: adecuada para nosotros, adecuada para nuestra salud y la de los demás, adecuada para nuestra cordura y adecuada para el mundo.

Las enseñanzas del Buda no son complejas. Las presentó todas en su primer sermón en unas 700 palabras, ¡tantas como las que ya hemos leído en este libro hasta el momento! La mayoría de ellas se reducen a principios básicos, como la honestidad y el equilibrio, que nos ayudan a prestar más atención al mundo. Pero aplicar esas sencillas enseñanzas a las complejidades de la vida cotidiana tal vez sea un poco más complicado. A medida que el Buda fue elaborando estos conceptos a lo largo de los años, sus enseñanzas se elevaron a una cantidad de 20.000 a 80.000 páginas, dependiendo de quién las enumere.

A pesar de su completa falta de experiencia laboral, el Buda dijo muchas cosas sobre el trabajo en todos esos sermones posteriores. Algunas de sus admoniciones fueron muy específicas y nada sorprendentes. (Sugirió que evitásemos los oficios relacionados con las armas y el tráfico de personas y drogas, por ejemplo.) Pero una vez que empezamos a tirar de esos simples hilos, es fácil desenredar toda la madeja. Cuando el Buda señala que hay que evitar los negocios relacionados con «intoxicantes» y «venenos», ¿qué quiere decir realmente? Pasé años trabajando en Instagram y Facebook. ¿Son intoxicantes esas plataformas *online*? ¿Son venenosas? Supongo que algunas personas dirían que sí, aunque yo no estoy de acuerdo. ¿Deberíamos considerar la televisión como un intoxicante? ¿Y qué decir de los videojuegos? ¿Los mineros del carbón trafican con veneno? ¿Y los fabricantes de automóviles? Algunas personas hablan del azúcar como un veneno, así pues, ¿deberían estar prohibidas las heladerías? Es un pensamiento deprimente.

En cualquier caso, estas sugerencias específicas son solo el principio. Todos los preceptos que el Buda ofreció para orientarnos en el resto de la vida también deben guiarnos en nuestro trabajo. Después del recto sustento, los otros siete elementos del Óctuple Sendero son: recta visión, recta intención, recta palabra, recta conducta, recto esfuerzo, recto mindfulness y recta concentración, todos los cuales nos ayudan en nuestro trabajo, en especial el mindfulness y la concentración, de los cuales hablaremos más detenidamente. La mayoría de nosotros sabemos por triste experiencia que existen infinitas maneras de desviarnos de este camino en nuestro entorno laboral: caer en la conducta *equivocada*, hablar *incorrectamente*, etcétera; tratar mal a nuestros compañeros de trabajo; cambiar sin pensar de una tarea a otra; incluso mentir, engañar o robar. También hablaremos de todas estas cosas y de cómo evitarlas.

El Buda enseñó que la vida implica mucho sufrimiento, algo que la mayoría de las personas en el entorno laboral encontrarán muy fácil de creer. Sin embargo, también enseñó que no tiene por qué ser así, que el sufrimiento tiene una causa y una cura. Esa cura no es necesariamente *fácil*, pero es posible. Y es tan *posible* detrás de un escritorio, en una caja registradora o en una fábrica, como lo es en la cima de una montaña lejana.

No tenemos que renunciar a nuestro trabajo para encontrar la iluminación; puede que ni siquiera eso nos ayude. La vida del Buda era como un sueño americano a la inversa: comenzó en el regazo del lujo y terminó literalmente sin un céntimo.* Descubrió que toda la perse-

---

* La esposa y el hijo que abandonó recibieron finalmente la ordenación y se unieron a la floreciente comunidad de monjas y monjes budistas, por lo que su único descendiente también terminó arruinado.

cución de la felicidad de su juventud fue una distracción. Por muy agradable que nos parezca la jubilación en este momento, no es más fácil despertarse en una playa, en un campo de golf o en un *spa*. El Buda nos diría que incluso es más difícil.

Sin embargo, no tenemos que convertirnos en budistas. El Buda nunca utilizó esa palabra, y quizás tampoco le agradase la forma en que la gente la aplica hoy en día. No creía en el «budismo» en sí, sino en prestar atención, en cuidar de uno mismo y en despertar. Eso es algo que puede llevar a cabo una persona de cualquier creencia.

A la postre, la felicidad y la realización en el trabajo dependen en buena medida de las mismas cosas que nos aportan felicidad y realización en otras facetas de la vida. Como todo lo que merece la pena, no existen los atajos. No hay píldoras que ingerir o cuadernos mágicos que comprar ni ejercicios fantásticos que aprender. Ahora bien, este libro nos mostrará de qué manera las sencillas instrucciones del Buda se aplican a nuestra vida cotidiana en la oficina o en cualquier otro ámbito laboral, descubriendo rápidamente que el despertar y el trabajo bien hecho no son incompatibles.

Parte I:
La visión interior

1. ¿Por qué trabajar?

Poco después de la iluminación del Buda, dos comerciantes que estaban de viaje, llamados Tapussa y Bhallika, pasaron por una aldea vecina. No está del todo claro cómo se había corrido la voz, pero uno de sus parientes locales les mencionó que un hombre santo cercano se había convertido hacía poco en lo que él definió como «completamente despierto».[1] Incluso en la antigua India, donde los místicos errantes eran mucho más comunes de lo que son en la actualidad, esto suponía un gran acontecimiento. Los dos hombres recogieron algo de comida para llevarla como ofrenda y salieron a buscar al Despierto. Según se relata, pillaron al Buda un tanto desprevenido. Todavía no había empezado a enseñar –ni siquiera había decidido convertirse en maestro– y no tenía un tazón a mano para aceptar sus ofrendas de cebada y dulces. Pero encontró algo que podía utilizar y ambos quedaron tan impresionados por su mera presencia que se convirtieron de inmediato y pasaron a ser sus primeros discípulos. Luego prosiguieron su camino.

Así pues, los primeros budistas fueron dos personas comunes y corrientes que se hallaban en viaje de negocios.[2]

(Tengamos esto en cuenta la próxima vez que estemos matando el tiempo en un aeropuerto o nos quedemos tirados en un Holiday Inn.) Muchos años después, al enumerar la lista de sus principales discípulos, el Buda todavía recordaba sus nombres y los mencionaba en primer lugar entre todos los laicos a los que había enseñado.[3] Pensemos en ello: antes de que hubiese monjas o monjes que se afeitaran la cabeza y se vistieran con túnicas azafrán, estaban aquellos tipos, dos personas normales, que se dedicaban a su vida cotidiana, tratando de ganarse decentemente el sustento, pero deseosos de vislumbrar algo más.

Dos mil quinientos años después, el mundo sigue lleno de Tapussas y Bhallikas, es decir, de buscadores espirituales que han de trabajar cada día. Y apuesto a que tú, lector, eres uno de ellos.

La mayoría nos preguntamos por qué tenemos que trabajar. ¿No sería más sencillo encontrarnos a nosotros mismos y encontrar nuestra propia iluminación, si no tuviéramos que trabajar? Seguramente, una buena herencia sería de inestimable ayuda en este sentido.

Para ser claros, este no es un problema nuevo. Hemos estado trabajando durante mucho tiempo. Y no me refiero solo a ti, lector, y a mí, sino a todos nosotros, a toda la humanidad. Desde que la gente ha vivido unida en una sociedad parecida a la humana, hemos tenido que trabajar.

El Buda lo entendía y lo aceptaba. De hecho, era mucho más probable que le hicieran la pregunta contraria:

¿por qué *dejar* de trabajar? En una famosa conferencia, un rey local le formuló al Buda exactamente esa pregunta. Los sirvientes y el personal del rey –desde los conductores de elefantes hasta los tejedores, desde los soldados hasta los asistentes de los baños– producían cosas útiles. A través de su trabajo –el rey explicó– «aportan felicidad y alegría a sí mismos, llevan felicidad y alegría a sus madres y padres, a sus esposas e hijos, y a sus amigos y conocidos».[4] En comparación con todo eso, ¿de qué servían las largas horas que el Buda pasaba sentado?

El Buda entonces le expuso al rey los frutos de la meditación y la vida espiritual, de los cuales también hablaremos más adelante en este libro. Pero, por ahora, mi argumento es que el Buda no tenía que explicar los frutos de la vida *laboral*, pues eso le parecía obvio a todo el mundo, sino que tenía que defender el *no* trabajar.

Tal como lo entendían tanto el antiguo rey como el Buda, hay muchas buenas razones para trabajar. Algunos de nosotros sentimos que nuestro trabajo es una vocación. Tal vez hemos querido convertirnos en médicos, abogados, bomberos, enfermeras o maestros desde que tenemos memoria, o quizás hayamos descubierto esa pasión en nuestra vida posterior. Quizás hayamos encontrado la manera de convertir nuestro amor por el arte, los deportes o la música en un trabajo que nos procure un salario, y por eso trabajamos, sobre todo porque sencillamente nos encanta lo que hacemos.

Para otras personas, el trabajo es una misión. Ven un problema en el mundo y se sienten impelidos a resolverlo. El trabajo diario en sí puede no ser particularmente emocionante, pero creen en lo que hacen y sienten que supone una gran diferencia; y eso es suficiente para ellos.

También hay otras personas que trabajan simplemente para ganarse el sustento. Ya sea que mantengamos a una familia o que nos mantengamos a nosotros mismos, no hay absolutamente nada malo en ello. Más allá de los pocos afortunados nacidos en la riqueza (como el Buda) o de aquellos que deciden vivir aprovechándose de la generosidad ajena (¡también como el Buda!), todos tenemos que encontrar la manera de pagar nuestras facturas. ¡Y eso es genial! Ser financieramente responsables e independientes hace que nos sintamos mejor.

Para la mayoría de nosotros, el trabajo es, probablemente, una mezcla de todas esas cosas. Y, a menudo, cambia con el tiempo. Cuando dejé la universidad, creía que podría convertirme en un monje budista tradicional y desarrollar mi vida en un templo remoto en Asia. Y viví en un templo en Tailandia durante unos meses, y más tarde en otro en San Francisco. Pero luego me enamoré, me casé y terminé necesitando un trabajo. Cuando empecé a trabajar, lo hacía para ganarme la vida y mantener a mi nueva familia. Contaba los días –los contaba literalmente, sirviéndome de hojas de cálculo, calendarios y fórmulas complicadas– hasta que pudiese permitirme el lujo de abandonar ese trabajo y pasar a algo más satisfactorio. Luego, con el paso del tiempo, me di cuenta de que me gustaba trabajar, y un buen día, a los diez años de emprender mi carrera en el campo de la tecnología, decidí que no quería desempeñar otra actividad. Dejé de contar los días y me concentré en cómo podía ejercer mejor mi oficio. Ahora, en época más reciente, me he centrado en la diferencia que mi trabajo supone para el mundo y en ayudar a otras personas a encontrar satisfacción y consumación en la tarea que llevan a cabo.

El ejecutivo de negocios y escritor Mike Steib ha descrito esta evolución como las tres etapas de «aprender, ganar y devolver».[5] En la primera etapa de nuestra carrera profesional, nos centramos en construir nuestras habilidades y profundizar nuestros conocimientos. En la segunda, nos ocupamos más a fondo en cosechar el éxito material propiciado por nuestra inversión inicial. Y, al final, dedicamos más energía a retribuir a los demás, incluyendo a los que recién empiezan y están aprendiendo.

Nuestra carrera no tiene que seguir el patrón de Steib, ni tampoco el mío. La motivación puede ser completamente distinta o incluso moverse en la dirección opuesta. Tal vez hayamos comenzado en el Cuerpo de Paz (tanto «aprendiendo» como «devolviendo») y mucho más tarde en la vida hemos aplicado nuestros conocimientos a una actividad más lucrativa (finalmente «ganando» un poco); o puede que hayamos necesitado ganar dinero a una edad muy temprana, y más tarde hayamos tenido el lujo de volver a la escuela y aprender.

La trayectoria profesional de cada persona es distinta. No existen malas razones para trabajar. Y, sin embargo, muchos de nosotros no podemos obviar la sensación de que sería mejor no hacerlo.

El Buda estaba de acuerdo en que encontrar la iluminación en el mundo laboral es difícil, dado que muchos de nosotros nos sentimos «limitados» y «abrumados» debido a nuestros compromisos mundanos.[6] Pero, para ser claros, no comparaba esto con la vida en un *resort*, sino que lo comparaba, tanto en el entorno laboral como en el familiar, con seguir el camino de renunciar a todas nuestras posesiones y apegos. Aunque sentía que la iluminación era más fácil como monje errante, también entendía que ese camino no era posible para todos.

Por otro lado, el Buda pensaba que renunciar a nuestro trabajo para ir en pos de nuestra propia felicidad era una idea *terrible*. Por supuesto, perseguir lo que él denominaba «deseos sensuales» podría hacernos sentir bien al principio, pero a la larga se parece a ser «atravesado por una flecha». Y, a la postre, esta vida se llena de más sufrimiento, como el agua que inunda un barco agujereado.[7]

A mucha gente lo anterior le resulta difícil de creer. Si nos gusta jugar al golf, tejer, hacer yoga o leer, ¿no seríamos más felices haciendo esas cosas todo el tiempo en lugar de arrastrarnos a la oficina?

Lo más probable es que la respuesta sea negativa. Si alguna vez hemos comido demasiado helado o muchos dónuts (¡es posible!), sabemos que podemos hartarnos de algo bueno. El problema de estar tumbados todo el día es que nos torna perezosos y nos llena de inquietud, y estos resultan ser obstáculos enormes para encontrar la verdadera satisfacción.[8] (Dedico un capítulo completo a desarrollar esta idea.) Trabajar demasiado poco no es mejor que trabajar en exceso, y es posiblemente peor. Perseguir sin fin el placer solo conduce a más distracciones, exactamente lo contrario de lo que necesitamos para despertar de verdad. El Buda se refirió a «una ocupación honesta» como «la bendición más elevada»[9] no porque quisiera que trabajásemos 24 horas al día, 7 días a la semana, sino porque consideraba que el trabajo era parte integral de una vida plena.

Sin embargo, nuestra vida no puede reducirse tan solo al trabajo. En el mismo versículo, el Buda también describe el aprendizaje, la práctica de un oficio, pasar tiempo con gente buena y mantener una familia como la bendición más alta. Así pues, de hecho, ¡eso es muchísimo mejor! Él creía era que hay muchas bendiciones importantes en la vida, y el verdadero truco consiste en saber combinarlas todas.

Nuestra vida es mejor cuando está equilibrada. Este es el auténtico mensaje del sendero medio del Buda. Tanto si trabajamos en casa como en una oficina, una fábrica o una tienda, el trabajo contribuye a ese equilibrio. Hay numerosas razones para trabajar y, con independencia de cuáles sean las nuestras, tan solo tenemos que mantener nuestro trabajo en su sitio.

2. El coste del sufrimiento

Si no hay nada malo en el trabajo, al menos en teoría, ¿por qué nos parece tan *duro*?

En el primer sermón formal, el Buda expuso las «Cuatro Nobles Verdades». Hablaremos de ellas en breve, pero por ahora nos centraremos en la primera, que suele traducirse como: «La vida es sufrimiento».

Aunque suena un poco deprimente, el Buda no quiso decir eso en absoluto. Simplemente intentaba validar un sentimiento que todos tenemos de vez en cuando. La vida es complicada. El dolor y la pérdida son inevitables. Sin embargo, la vida no es *solo* sufrimiento, porque también hay momentos de alegría y felicidad. Pero, si bien la mayoría de nosotros no padecemos una angustia constante, todos afrontamos dificultades en un momento u otro. Y saber que incluso las experiencias más placenteras y gratificantes llegarán a su fin las tiñe de pérdida inminente.

Algunos eruditos ni siquiera están seguros de que el *sufrimiento* sea exactamente lo que el Buda quiso decir. El Buda no hablaba castellano, por supuesto. No estamos completamente seguros de cuál es el idioma que utilizaba. Sus enseñanzas nos han llegado en unos cuantos idiomas antiguos de la India, incluyendo uno llamado pali, y la palabra empleada en ese idioma es *dukkha*. Una forma de traducir *dukkha* es «sufrimiento» o incluso «dolor», por eso la interpretación más común en nuestro idioma de la Primera Verdad del Buda es la que acabamos de apuntar: «La vida es sufrimiento». Sin embargo, otras personas han utilizado en su lugar la palabra *estrés*.[1] Así pues, otra manera de concebir la Primera Verdad del Buda podría ser: «La vida es muy estresante».

Para muchos de nosotros, esa es la versión que, de hecho, nos parece más real, sobre todo en el contexto laboral.

Hay muchos estudios que confirman que nuestra vida laboral está llena de estrés. Según un informe del National Institute for Occupational Safety, al 40% de los trabajadores de los Estados Unidos sus trabajos les resultan «sumamente estresantes».[2] El Washington Bussiness Group on Health estimaba que «el 46% de todos los empleados se hallan gravemente estresados hasta el punto del *burnout*».[3] Ya en el año 1996, las encuestas ponían de relieve que, al menos una vez por semana, el 75% de los trabajadores estadounidenses experimentaban altos niveles de estrés laboral,[4] y probablemente la situación no ha hecho sino empeorar desde entonces.

Pero no se trata tan solo de los estadounidenses porque un reciente estudio europeo ha puesto de manifiesto que el 27,5% de los trabajadores experimenta un incremento de la fatiga a consecuencia del estrés en el lugar de trabajo.[5] Una encuesta realizada entre las mujeres que trabajan en

Suecia revela que el 38% percibe que su trabajo es estresante.[6] ¡Suecia! Si ni siquiera los suecos pueden relajarse,
debemos tener un problema muy serio.

Todo este estrés tiene costes muy reales. Las primeras
estimaciones de los costes sociales globales del estrés en el
entorno laboral durante la década de 1990 eran de hasta
el 10% del producto nacional bruto (PNB).[7] Hoy en día, en
los Estados Unidos, eso representaría ¡más de un billón de
dólares! El coste directo de la pérdida de ingresos causada
tan solo por el estrés en el lugar de trabajo se estima en
150.000 millones de dólares.[8] La Organización Internacional
del Trabajo estima que, en todo el mundo, el coste del estrés
en el entorno laboral representa entre el 1% y el 3,5% del
total del PIB mundial.[9]

Y no solo se trata de un coste financiero. En su libro *El
trabajo nos está matando y a nadie le importa*, Jeffrey
Pfeffer, profesor de Stanford, explica que el estrés laboral
probablemente ocasiona más problemas de salud y más
muertes evitables que el fumar de manera pasiva. El estrés
en la mayoría de las oficinas es tan grave que «los trabajos
administrativos suelen ser tan estresantes e insanos como
el trabajo manual, (y) frecuentemente más».[10] El American
Institute of Stress estima que «en la actualidad, entre el 75%
y el 90% de todas las visitas al médico están relacionadas
con el estrés».[11]

Pero no tiene por qué ser de ese modo. El trabajo no
tiene que tornarnos infelices. Y, cuando encontramos la
manera de ser felices en el trabajo, todo el mundo se
beneficia.

Hemos sabido, durante al menos dos décadas, que la felicidad incrementa nuestra productividad laboral.[12] Un estudio ha puesto de manifiesto que los voluntarios cuyo estado de ánimo mejoraba al ver un vídeo divertido se desempeñaban significativamente mejor en una tarea matemática diseñada para simular el pensamiento en el entorno laboral.[13] Esos mismos investigadores constataron que un «mal suceso vital» (como un fallecimiento en la familia o una enfermedad grave) reducía el rendimiento de las personas en torno a un 10%, incluso si había ocurrido dos años atrás. Es difícil desempeñar un buen trabajo cuando estamos tristes, pero es mucho más sencillo cuando nos sentimos de buen humor.

Una revisión de numerosos estudios recientes concluyó que la felicidad mejora la creatividad, y que «las actitudes y experiencias positivas llevan asociadas consecuencias beneficiosas tanto para los empleados como para las empresas».[14] Un estudio longitudinal a gran escala, efectuado en Canadá, ha constatado resultados similares.[15] Tal como lo expresaba el investigador canadiense de manera muy sencilla: «La gente feliz era más productiva», y «la gente era más productiva cuando era más feliz».

A menudo pensamos que el éxito profesional nos aportará la felicidad, y muchos de nosotros toleramos los malos días, los malos jefes y los trabajos verdaderamente malos con esa esperanza en mente. Pero podemos expresarlo al revés: ¿qué ocurriría si ser infelices en el trabajo nos tornase menos productivos y, en última instancia, nos hiciese cosechar menos éxitos?

En una revisión exhaustiva de la literatura científica, tres investigadores de California llegaron exactamente a esta conclusión: «La gente feliz recibe mayores ganancias, exhibe un mejor desempeño y obtiene evaluaciones de sus supervisores más favorables que sus compañeros más infelices».[16] Y arribaron a esa conclusión tras revisar décadas de «investigación transversal, longitudinal y experimental», en esencia todas las formas posibles de abordar la cuestión.

Su conclusión era muy clara: «Es la felicidad la que precede y conduce al éxito profesional», pero no a la inversa.

Para resumir, muchos de nosotros sufrimos en el trabajo, y este sufrimiento exige costes reales, tanto en nuestra salud como en nuestros empleadores. Al mismo tiempo, los trabajadores felices no solo son, por supuesto, más felices, sino también más productivos y valiosos para sus empleadores. Aunque la felicidad aporta su propia recompensa, también nos lleva a tener más éxito laboral.

Entonces, ¿cómo podemos ser más felices? ¿Hay alguna clave mágica que permita desbloquear nuestra felicidad y todos los beneficios que se derivan de ella? Eso es lo que el Buda se propuso descubrir.

3. El budismo fue un principio

Hemos hablado un poco de la vida del Buda, pero hemos pasado por alto algunas cuestiones muy importantes como, por ejemplo, ¿por qué el Buda inició el budismo? ¿Y por qué este comienzo espiritual en particular ha perdurado tanto tiempo?

Resulta que existe cierta controversia sobre cuándo vivió exactamente el Buda. Nadie intentó fijar la fecha hasta varios siglos después, y las historias de su vida no mencionan ningún acontecimiento real que podamos comprobar. Los eruditos budistas de varios países han aportado diferentes fechas, basadas en la información de que disponemos, y estas varían en más de cien años.[1] A fuer de ser honesto, sus argumentos me resultan un poco difíciles de aceptar: al parecer, gran parte de la cuestión depende exactamente de cuántos años transcurrieron entre la muerte del Buda y el gobierno de cierto rey indio, porque ese rey conoció a algunos griegos antiguos que eran más avezados en los calendarios. Pero si afirmamos que vivió en torno al año 500 a.C., nadie nos llamará mentirosos y, probablemente, tampoco estaremos muy alejados de la verdad.

En cualquier caso, fue hace mucho tiempo. Y han cambiado muchas cosas en los últimos dos milenios y medio, haciendo que la comunidad budista –llamada *sangha*– sea la institución superviviente más antigua del mundo.[2] Ninguna compañía, ninguna universidad, ningún gobierno y ningún ejército permanente han sobrevivido tanto tiempo. La *sangha* del Buda ha durado más que todos ellos.

Por supuesto, antes de que existiese una *sangha* que practicara el budismo, solo existía el Buda. Con independencia de cuándo viviese exactamente, todo el mundo está de acuerdo en que el Buda nació como un príncipe en lo que, en la actualidad, es Nepal, siendo muy probable que creciese muy cerca, en el noreste de la India. Llevó una vida muy protegida en un hermoso palacio, rodeado de todos los lujos imaginables de la época. (Pensemos en comida suntuosa y ropa elegante, pero, por desgracia, no había Nintendo ni Legos.) Su madre murió en el parto, pero su hermana –como segunda esposa del rey– intervino y lo crio como si fuera su propio hijo. Su infancia fue feliz, se casó joven y tuvo un hijo, todo ello mientras se hallaba recluido en unos lujosos terrenos salpicados de hermosos estanques de loto. Poseía tres mansiones, una para cada estación india. Pasaba los cuatro meses de la temporada de lluvias, cuando había demasiada humedad para salir, encerrado tan solo con sus sirvientas y acompañantes.[3] (Podemos pensar lo que queramos, pero se nos dice que eran «músicos».)

Y entonces, cuando cumplió 29 años, huyó para convertirse en un asceta errante. La historia nos cuenta que convenció a un siervo fiel para que lo llevara con su carro a escondidas a la aldea circundante, y allí fue testigo por primera vez de los estragos de la enfermedad, la vejez y la muerte.[4] Entonces se percató de que la vida no es solamente diversión, juegos y palacios placenteros, y decidió seguir una vida puramente espiritual. Dedicó seis años a recorrer la campiña india, practicando todo tipo de austeridades bajo la dirección de varios maestros notables. Lo intentó todo, desde el ayuno hasta la autoflagelación, algo que era lo opuesto a su antigua y lujosa vida, antes de que también se hartara de ello, convencido de que no le procuraban respuestas a las grandes preguntas de la existencia.

A la postre, decidió sentarse solo y meditar toda la noche, y entonces obtuvo su gran epifanía, su despertar. Fue en ese instante cuando se ganó el título del Buda, que literalmente significa el Despierto.

Hablaremos más sobre lo que descubrió esa noche en el próximo capítulo, pero lo que más nos interesa destacar ahora es que el primer impulso del Buda fue detenerse en ese punto. Lo había conseguido. Había alcanzado su gran objetivo tras todos aquellos años de esfuerzo. Ahora estaba iluminado. Finalmente, podía poner fin a su búsqueda incesante.

Pensó en enseñar, pero decidió que no, que lo mejor en su caso no era convertirse en maestro, sino ser tan solo un Buda.

En cierto sentido, su razón para *no* enseñar era la

misma que muchos de nosotros tenemos para no intentar algo nuevo: creer que fracasaría.

Según explicó posteriormente el mismo Buda, sentía que su nuevo camino era «difícil de ver y difícil de entender», y que «si yo enseñase (...) los demás no me entenderían, y eso sería agotador y problemático para mí».[5] En otras palabras, enseñar el *Dharma* –su nueva verdad– sería complicado, probablemente no funcionaría y supondría un enorme contratiempo, incluso para un Buda iluminado. «Considerando esto –concluyó–, mi mente se inclinó más a la inacción que a la enseñanza.»

Creo que todos entendemos de dónde surgía esa idea. A ninguno de nosotros nos gusta fracasar, e intentar algo nuevo siempre conlleva un riesgo.

La leyenda sostiene que fue necesaria la intervención divina para que cambiase de parecer. El dios Brahma descendió a la tierra y rogó al Buda que compartiese su sabiduría. Quizás no todos lo entendiesen –expresó Brahma–, pero había algunos que sí. Y esos preciosos éxitos compensarían cualquier otro fracaso. Después de algunas súplicas, el Buda se convenció de ello.

Una vez que comenzó a enseñar, ya fue imposible detenerlo. Al final, enseñó durante 45 años, continuando de ese modo hasta su fallecimiento. (Su último sermón fue ofrecido desde su mismo lecho de muerte.) Pero, como nos ocurre a muchos de nosotros, solo necesitó un pequeño esfuerzo para superar las dudas que tenía acerca de sí mismo.

Entonces, ¿por qué las enseñanzas del Buda han sobrevivido tanto tiempo, cuando ni siquiera él mismo estaba seguro de que hubiese alguien que las entendiese?

Creo que hay algunas razones que lo explican. En primer lugar, el Buda era práctico. Habló del mundo tal como existe a nuestro alrededor, del mundo tal como lo conocemos nosotros mismos. Trató de ayudar a la gente a resolver problemas del mundo real que cualquiera pudiese entender. Y desarrolló ejercicios sumamente prácticos –muchos de los cuales probaremos aquí– para llevar una vida más feliz y despierta.

Cuando se le formulaban preguntas más abstractas, el Buda solía soslayarlas. Por ejemplo, se negó a decir si creía o no en la otra vida.[6] Simplemente –argumentó– no es importante. Lo comparó con un hombre herido por una flecha, que no permite que un cirujano lo trate hasta no averiguar el nombre y el clan de quien le ha disparado, si era alto o bajo, de dónde procedía, o qué forma de arco utilizaba, y así sucesivamente. Quizás estas sean preguntas interesantes, pero lo más urgente es extirpar la flecha. Para todos los que sufrimos en este mundo, el que haya o no otro mundo es vana curiosidad.

En segundo lugar, el Buda era flexible. Intentó todo tipo de enfoques diferentes antes de decidirse por el que terminó convirtiéndose en su propio camino. Y estudió con los maestros contemporáneos que estaban a su alcance y aprendió todo lo posible de ellos antes de intentarlo por su cuenta.

Rechazó la rigidez del sistema de castas de la India, insistiendo en que las buenas y malas cualidades «se reparten por igual entre las cuatro castas»[7] y que cualquiera puede alcanzar la iluminación. Dio la bienvenida a los «parias» e «intocables» en su comunidad de seguidores, insistiendo en que «uno no es paria por nacimiento», sino tan solo por medio de actos inmorales.[8] Su camino estaba abierto a todos, en cualquier circunstancia.

Y, si bien el Buda estableció numerosas reglas (eso era parte de la práctica), en su sermón final sugirió que los futuros discípulos podían abolir cualquiera de las reglas «menores» y también decidir cuáles hacían parte de dichas reglas menores.[9] Parecía dispuesto a adaptar sus enseñanzas a distintos momentos y lugares, y a admitir que estaba equivocado. (De entrada, por ejemplo, se negó a ordenar a mujeres, pero a la postre su madre adoptiva lo convenció de ello.) Estaba abierto a nuevas experiencias, y siguió meditando toda su vida y practicando lo que predicaba.

En tercer lugar, el Buda era muy positivo y, como cualquier buen empresario, creía en sí mismo. Consideraba que podía encontrar un camino más allá del sufrimiento. Y, tras aquella duda inicial en cuanto a enseñar, no percibimos demasiados subterfugios o indecisiones por su parte. El Buda también creía en los demás. Y, poco antes de su muerte, dijo a sus seguidores: «Sed una isla para vosotros mismos, sed vuestro propio refugio».[10] Confiad en vosotros mismos. Ese es el mensaje que muchos de nosotros queremos –y necesitamos– escuchar.

Sin embargo, ser práctico, flexible y positivo tampoco era garantía de éxito. Muchas personas cuentan con esas cualidades, y muchas probablemente también las tenían hace 2.500 años. Pero la mayoría nunca inician algo tan exitoso como el budismo.

Como en cualquier empresa que empieza, el éxito final del budismo dependía de la calidad del producto. Un gran fundador solo puede llevarnos hasta cierto punto. Más que cualquier otra cosa, el éxito de la puesta en marcha del budismo estribaba en el producto que el Buda descubrió. El Buda vio un problema –el sufrimiento– y encontró una solución. Y esa solución funcionaba.

A partir de ese momento, fue bastante sencillo: un producto que milagrosamente se vende solo.

4. La gran idea del Buda

Después de su gran despertar, el Buda enseñó durante 45 años. Sus prédicas cubrían todos los aspectos, desde el ejercicio y el sueño hasta la alimentación y la concentración mental. Probablemente tenía algo que decir sobre casi todos los temas que imaginemos. Pero nada de eso habría importado si no se hubiese dado cuenta de una cosa que tocaba el corazón de la vida humana: *el despertar es posible.*

Para la mente del Buda, la mayoría de nosotros nos movemos a la deriva y medio dormidos por la vida. Hacemos las cosas en su debida forma, nos divertimos a veces, pero no siempre estamos presentes ni prestamos atención. ¡Y esto es una tragedia! Permitimos que esta vida se nos escape a medias.

En ninguna parte es esto más evidente, para la mayoría de nosotros, que en el trabajo. Soñamos despiertos en nuestro escritorio. Contamos los minutos (¡o las horas!) en las reuniones. Hacemos planes interminables para lo que haremos a continuación, en lugar de centrarnos en lo que estamos haciendo en este momento.

La gran idea del Buda era que no tenía que ser de

ese modo, que es posible despertar y vivir una vida plena ahora mismo, incluso en el trabajo.

El mismo nombre *Buda* significa «despierto», de manera que el fundamento de lo que hoy en día llamamos budismo es que, por lo menos, hay *alguien* que se dio cuenta del despertar. Lo que los budistas llaman los «tres tesoros» del budismo son el Buda, el Despierto original; el Dharma, sus enseñanzas, y la *sangha*, o su comunidad de seguidores. Sin esa primera experiencia del despertar, realmente no habría nada.

Antes de explicar más lo que el Buda quiso decir, debo extenderme un poco acerca de cómo sabemos *algo* acerca de lo que este expríncipe indio hizo o dijo hace 2.500 años. Cuando cito aquí las palabras del Buda, me refiero al relato escrito de sus enseñanzas. Los discursos del Buda no fueron grabados, por supuesto, y él mismo nunca escribió nada. No está del todo claro que fuese capaz de leer y escribir.[1] En aquellos tiempos, la escritura se consideraba una profesión especializada y no una parte imprescindible de la educación general, incluso para alguien de la nobleza como él. En las escrituras budistas, no existen relatos que nos lo muestren leyendo o escribiendo.

Se afirma que, meses después de su fallecimiento, 500 seguidores plenamente iluminados se reunieron por invitación de un rey local para debatir sobre las enseñanzas y asegurar el consenso en el conjunto de la *sangha*. Entonces se turnaron para recitar los discursos del Buda y recordarlos. Posteriormente, a medida que el budismo comenzó a expandirse, dichos discursos fueron transmitidos oralmente durante varias generaciones. Los seres humanos somos sorprendentemente buenos en este tipo de memorización. (Todavía puedo recitar el Preámbulo de la Constitución de los Estados Unidos, que aprendí en la escuela primaria y que solo he repetido tal vez una docena de veces en 30 años.) Estas monjas y monjes poseían un entrenamiento especial, siendo muy probable que recitasen los textos a menudo para mantenerlos frescos. Hubo otro par de «Concilios budistas», celebrados más o menos cien y doscientos años después del fallecimiento del Buda, de nuevo para asegurar el acuerdo sobre las enseñanzas y resolver las discrepancias.[2] Pero, aun así, podemos estar bastante seguros de que se produjeron errores.

En el momento en que se recogieron por escrito, las enseñanzas se habían extendido demasiado para que todos los seguidores pudiesen reunirse. Se celebró un Cuarto Consejo Budista en Sri Lanka, en algún momento alrededor del año 100 d.C., y aquí las palabras del Buda fueron transcritas al pali, un antiguo idioma indio, y recogidas en hojas de palma. Pero el Buda no hablaba pali, aunque es muy probable que lo que hablase estuviese estrechamente relacionado con ese idioma. Así pues, incluso esta versión del canon budista es una traducción. Y no disponemos de ninguno de esos documentos porque las hojas de palma, como podemos sospechar, son bastante frágiles, de manera que solo tenemos copias de copias de copias, y así sucesivamente. Las copias más antiguas disponibles son de, por lo menos, mil años después.[3]

Otras personas en otros lugares de Asia también empezaron a escribir cosas más o menos al mismo tiempo, muchas veces en otras lenguas antiguas de la India. Estas versiones fueron finalmente transferidas a China y al Tíbet, donde fueron traducidas a esos idiomas. Basándonos en los fragmentos de manuscritos, e incluso en tallas en piedra encontrados en toda la India, sabemos que se han perdido muchas de las primeras traducciones.* En otros casos, existen tres versiones del mismo sermón en diferentes idiomas, siendo posible compararlos para tratar de discernir cuál podría ser el texto original.

Esta es una forma prolija de decir que todo lo que citamos aquí en castellano es, en el mejor de los casos, una copia lejana de una traducción de una traducción de una memorización que tuvo lugar hace mucho tiempo, escrita por primera vez muchos siglos después de que viviese el Buda. Eso es todo lo que tenemos.

Y, según estos escritos, el Buda no se propuso «despertar» en absoluto. Cuando era un príncipe confundido, lo que de verdad quería era entender el sufrimiento. En concreto, desde el momento en que se vio expuesto por vez primera a la enfermedad, la vejez y la muerte durante aquella excursión secreta fuera del palacio, el Buda no dejó de preguntarse cómo podemos vivir sabiendo que

---

*   Al menos hasta el momento. Las escrituras budistas supervivientes más antiguas que tenemos en la actualidad fueron descubiertas en Pakistán hace tan solo 25 años, escritas en corteza de abedul y enterradas en jarras de arcilla.[4] ¿Quién sabe lo que puede encontrarse en el futuro? Así que, por favor, no tiremos los jarrones viejos.

el dolor y la pérdida son inevitables. ¿Cómo mantener la compostura en un mundo plagado de sufrimiento?

Debemos recordar que sus padres tenían una respuesta muy sencilla para él, una que probablemente todos hemos probado en algún momento: la negación. Para ellos, la manera más simple de superar el sufrimiento era evitarlo a toda costa. Por eso, lo mimaron y protegieron tanto. Creían que, si llenaban de comodidades y placeres la vida de su hijo, nunca tendría que sufrir en absoluto.

Por supuesto, eso no funcionó, de igual manera que probablemente tampoco ha funcionado en nuestro caso. Evitar nuestros problemas no hace que desaparezcan. No hay nada de malo en tratarnos de vez en cuando con algo especial, pero hasta los efectos de la mejor terapia comercial o de un tratamiento en un balneario suelen ser bastante efímeros.

Lo que descubrió el Buda es que la negación y la evasión no funcionan en realidad. El problema de perseguir la diversión es que esta nunca perdura. Y tan pronto como nos damos cuenta de que no persiste, deja de ser divertida.

Por otro lado, si nos rodeamos de sufrimiento, eso tampoco funciona. Tras abandonar su hogar, el Buda también lo intentó durante seis años. Acometió prácticas tan extremas que casi muere a causa de ellas. Sin embargo, todo lo que consiguió castigándose de ese modo fue tornarse aún más miserable. Regodearse en el sufrimiento no lo disminuye.

Esta fue la gran verdad a la que el Buda despertó, la

gran idea que lo convirtió en el Buda, es decir, que la única manera de superar el sufrimiento es encontrar el camino medio entre ambos extremos. En lugar de escapar del dolor o de correr hacia él, tenemos que aceptarlo. Y, al asumir que la vida implica una cierta cantidad de dolor y malestar, le quitamos su poder. Es cuestión de equilibrio.

¿Cómo es exactamente que el equilibrio vence al sufrimiento? En su primer sermón, tras exponer su camino medio, el Buda procedió a describir las Cuatro Nobles Verdades. De nuevo, no sabemos exactamente cómo las relató en su momento, pero por las traducciones disponibles son aproximadamente las siguientes:

> *La vida es sufrimiento.*
> *La causa del sufrimiento es el deseo.*
> *El camino para terminar con el sufrimiento es poner fin al deseo.*
> *El Óctuple Noble Sendero es el camino para poner fin al deseo.*

He mencionado esta última parte –el Óctuple Sendero– y hablaremos más sobre ello en el próximo capítulo, pero por ahora enfoquémonos en los tres primeros aspectos.

Una manera de concebir las tres primeras verdades es que sufrimos porque queremos que las cosas sean distintas. La causa del sufrimiento no es el dolor o la mala suerte, sino la insatisfacción. Es querer y desear cosas. No sufrimos porque nos sucedan cosas malas; sufrimos porque no conseguimos lo que queremos.

Eso no quiere decir que el dolor sea bueno o agradable, porque no lo es. Sin embargo, este desagrado no es la causa del sufrimiento. Resistirse es la causa del sufrimiento. Y, si bien el Buda aprendió que el dolor nunca puede ser completamente evitado, el sufrimiento sí que puede ser vencido.

En ocasiones, vemos este mensaje resumido en la frase de que *el sufrimiento es opcional*.[5] Creo que es una buena manera de enfocar el asunto. Cuando nos sucede algo doloroso, no solo sentimos dolor inmediato, sino que también tenemos determinados sentimientos acerca de dicho dolor. Estamos enfadados por nuestro dolor, tal vez frustrados o resentidos, incluso en ocasiones nos sentimos vengativos. Entonces tenemos dos sentimientos desagradables: uno físico y otro mental. El Buda se refirió a ello como ser golpeado por dos flechas.* La primera, que no podemos evitar, es que el dolor nos hace daño, lo queramos o no. Pero la segunda flecha es elección nuestra y podemos esquivarla. Incluso si padecemos el dolor, no tenemos que sufrir *por* su causa. Llevando una vida equilibraba, sin luchar ni coquetear con el dolor, evitamos esta segunda flecha.

Todo esto se aplica también a nosotros en el trabajo porque, sin importar cuánto lo intentemos, siempre surgirán obstáculos. Podemos perder un nuevo trabajo o perder un ascenso. Es posible que tengamos que tratar con un

---

*   En efecto, una nueva metáfora de flechas. (Véase el capítulo anterior para la primera.) Parece seguro asumir que recibir un disparo de flecha era bastante común en la época del Buda.

colega, jefe o cliente difícil. Tal vez nos encontremos con un plazo imposible, o que afrontemos un cambio terrible. No necesitamos salir a buscar este tipo de problemas, pero tampoco podemos evitarlos por completo.

El consejo del Buda no es que seamos felices cuando nos encontremos con estos problemas, sino que aceptemos que suceden y sigamos adelante. La clave para despertar no es evitar los problemas o ignorarlos. Vivir en la negación o vivir en un sueño no es la respuesta.

Si todo eso suena más fácil de decir que de hacer, en efecto lo es. Sin embargo, el Buda también encontró una técnica importante para ayudarnos en el camino. Y eso es lo que expondremos a continuación.

Parte II:
Prácticas

5. Prestar atención

La cosa más importante que podemos hacer en el trabajo es la misma que lo más importante que el Buda dijo que deberíamos hacer en la vida: prestar atención. En otras palabras, practicar el mindfulness.

Es muy probable que, en la actualidad, hayamos oído hablar mucho sobre el mindfulness, puesto que se enseña en escuelas y empresas. La National Library of Medicine enumera más de 3.000 publicaciones científicas con el término «mindfulness» en el título. Aunque el primero de estos documentos se remonta a 1982 (¡y es bueno!),[1] 2.963 de ellos han sido publicados durante la última década.

Para muchas personas, el mindfulness, la meditación y el budismo son sinónimos. Y no es difícil entender la razón: el Buda alcanzó su gran despertar tras meditar durante toda la noche, y probablemente tenemos la sensación de que atención y meditación se hallan de alguna manera conectadas. Pero no son lo mismo. Y el hecho de comprender en qué se diferencian resulta esencial, de entrada, para entender por qué el mindfulness es tan importante para el trabajo y para la vida.

El mindfulness formó parte de las enseñanzas del Buda

desde un principio. Es mencionado en su primer sermón, habitualmente llamado el Sermón del Parque de los Ciervos porque fue ofrecido en un parque con ciervos, en un claro de bosque frecuentado por estos animales. Pero el mindfulness no aparece desde el primer momento. El Buda comienza describiendo el «camino medio», que es lo que denomina el sendero que lleva a evitar ambos extremos y que había seguido hasta ese momento. Como hemos visto, la vida del Buda fue algo así como un péndulo durante sus primeros 35 años. Sin embargo, la clave para despertar es no tratar de ocultar el sufrimiento, como hizo como príncipe durante sus primeros 29 años, o regodearse en él, como hizo cuando fue asceta durante los siguientes 6 años, sino navegar entre ambos. Podemos pensar en ello como no evitar el sufrimiento y no deleitarse en él, sino aceptarlo, lidiar con ello y seguir adelante.

A medida que prosigue este primer sermón, el Buda aborda la cuestión de manera un poco más detallada y explica las ocho secciones de este camino medio, en el que tenemos que cultivar el recto punto de vista, la recta intención, la recta palabra, la recta acción, el recto sustento, el recto esfuerzo, el recto mindfulness y la recta concentración. El Buda no entra en demasiados detalles más allá de enumerar estos ocho aspectos, y al principio no queda claro que considere que el mindfulness sea más importante que las otras partes del camino.

Luego nos guía a través de lo que ahora llamamos las Cuatro Nobles Verdades de que, si bien el sufrimiento existe y es inevitable, es causado por nuestro interminable esfuerzo, y hay un camino para aceptarlo y, en última instancia, superarlo. Este camino es el mismo Óctuple Sendero que acabamos de enumerar.

Y eso es todo. Ese es el final del primer sermón, después del cual, por cierto, cada uno de los ascetas que lo escucharon, experimentó el despertar. El mindfulness se menciona dos veces, pero solo hacia el final de los ocho aspectos más relevantes de la práctica. Y la meditación no se menciona de manera explícita en absoluto. Si todo lo que supiésemos acerca del budismo fuese ese primer sermón, diríamos que versa acerca de la superación del sufrimiento, pero probablemente no pensaríamos que el mindfulness y la meditación desempeñan en él un papel demasiado importante.

Pero, tal como el Buda explicó posteriormente estas ideas iniciales, el mindfulness comenzó a ocupar una posición más predominante y ofreció varios sermones enteros solo acerca de ese tema, llegando a declarar que el fundamento del mindfulness es «el sendero directo (…) para el logro del auténtico sendero» y la obtención del nirvana.[2]

¿Por qué es más importante el recto mindfulness que la recta palabra o la recta acción? Si nos alejamos del contexto budista durante unos instantes, esto no resulta obvio en absoluto. ¿Acaso no es el mindfulness un estado mental? Seguramente nuestras acciones causan más sufrimiento que nuestros pensamientos. Todos hemos tenido la experiencia de causar sufrimiento, ya sea a nosotros mismos o a los demás, ya sea de manera intencional o involuntaria, mediante nuestras palabras y acciones. Pero ¿podemos de verdad causar sufrimiento con nuestra mente?

La respuesta es sí, podemos; y lo hacemos todo el tiempo.

Empecemos por lo que significa el mindfulness en sí mismo. Un erudito budista moderno lo describe como «la consciencia clara y enfocada de lo que realmente nos sucede tanto durante este instante como en los sucesivos momentos de percepción».[3] Una definición más psicológica sería: «el estado de prestar atención y ser consciente de lo que está ocurriendo en el presente».[4] En términos absolutos más sencillos, como hemos señalado al principio de este capítulo, mindfulness significa prestar atención.

Esa atención es el eje en torno al cual giran el resto de las ocho facetas del sendero. No hay manera de cultivar la recta palabra sin prestar atención a cómo hablamos. No hay forma de cultivar la recta acción sin prestar atención a lo que hacemos. Sin mindfulness, estamos atascados. Es como tratar de seguir en sueños el sendero del Buda.

Esta es la conexión entre el mindfulness y el budismo. El budismo es el término moderno que utilizamos para referirnos a la enseñanza del Buda, lo que se denomina tradicionalmente el Dharma. Dicho de otra manera, el budismo es la articulación del sendero del Buda que conduce al despertar. Y el mindfulness es lo que hace posible seguir dicho sendero.

Tal vez la primacía del mindfulness no era obvia para el Buda cuando empezó a enseñar, o quizás fuese algo tan evidente que ni siquiera sintió la necesidad de explicarlo. Sin embargo, esta es la razón de por qué hoy en día nos centramos tanto en el mindfulness en la práctica del budismo, porque el mindfulness es la llave que abre el resto del camino.

El mindfulness también es esencial en el trabajo. Nuestro trabajo nos parece a veces carente de sentido, pero puedo asegurar que, si realmente lo fuese, no lo estaríamos llevando a cabo. En estos tiempos cualquier cosa que pueda ser automatizada *es* automatizada. Si desempeñamos un determinado trabajo, es porque alguien siente que necesita a una persona que lo lleve a cabo prestándole toda su atención.

Lo anterior se halla respaldado por la investigación. Los estudios muestran que el desarrollo del mindfulness mejora el rendimiento laboral en una amplia gama de industrias y profesiones, como camareros, supervisores y mandos intermedios, enfermeras, psicoterapeutas e incluso operadores de plantas de energía nuclear.[5] Un experimento que ofrecía una clase de mindfulness de una hora semanal durante ocho semanas a enfermeras aquejadas de alto estrés en una Unidad de Cuidados Intensivos constató que «el compromiso y la resistencia aumentaban significativamente» entre las participantes.[6] En entornos como este, en los que el rendimiento de los empleados tiene graves consecuencias en el mundo real, los autores señalaron que el mindfulness «no solo mejoraba la vida de las personas, sino potencialmente las vidas de quienes contactaban con ellas a través de su trabajo». Incluso un estudio llevado a cabo en el ejército de los Estados Unidos constató que la formación en mindfulness «puede proteger contra las deficiencias funcionales asociadas a contextos de alto estrés».[7] (Si nos preguntamos si el Buda aprobaría la enseñanza del mindfulness a los soldados, los autores del estudio también postulan que una mayor consciencia «proporciona mejores recursos cognitivos para que los soldados actúen de manera ética y eficaz en un entorno de contrainsurgencia moralmente ambiguo y emocionalmente desafiante».)

Pero el mindfulness no es solo para las enfermeras del trauma y los soldados. Incluso en lugares de trabajo más típicos, se ha demostrado que el mindfulness mejora «la creatividad, la innovación, la resistencia, el compromiso laboral, la productividad, las habilidades de comunicación, la reducción de conflictos, el absentismo y el volumen de ventas».[8] Un estudio efectuado con 238 empleados de la aseguradora de salud Aetna puso de relieve que la formación en mindfulness mejoraba la productividad y reducía el estrés percibido por los empleados.[9] Compañías tan diversas como Target, General Mills e Intel suministran programas de mindfulness a sus trabajadores, con los que recaban resultados muy positivos.[10]

Así pues, si el mindfulness es tan importante, ¿cómo podemos llegar a él? Ese es el tema de nuestro siguiente capítulo. Resulta que no tenemos que trabajar para una compañía como Google, que enseña mindfulness en el entorno laboral. Lo más importante que podemos hacer por nuestro trabajo lo podemos realizar en casa.

6. Meditar como un Buda

El mindfulness no es fácil. El mundo está lleno de distracciones. ¿Cuántas veces hemos respondido al teléfono desde que hemos cogido este libro? ¿Cuántos mensajes de texto enviaremos o recibiremos antes de terminar este capítulo?

Pero no son solo los teléfonos móviles y las pantallas los que nos distraen. El mindfulness ya era complicado hace 2.500 años. Incluso entonces, al Buda le preocupaba que las personas estuviesen tan a merced de sus propias distracciones (las denominaba «apegos») que nunca entendiesen sus enseñanzas. «Es difícil para una generación así percibir esta verdad», se lamentaba, palabras que probablemente han sido repetidas por cada maestro, en cada generación, a partir de entonces.[1] Y tengamos en cuenta que la problemática generación del Buda no solo vivió antes de los teléfonos móviles, los ordenares, la televisión y la radio, sino también antes de los *periódicos*, y aun así la falta de sentido y la distracción le parecían problemas muy graves.

Entonces, ¿cómo cultivamos el mindfulness? Sabemos ahora que es muy importante, pero ¿de dónde lo derivamos? ¿Cómo aprenderlo en medio de todas estas distracciones?

El Buda tenía una respuesta muy sencilla para estas preguntas: la meditación. La meditación es la forma de practicar mindfulness.

Quiero decir *practicar* literalmente, de la misma forma en que podríamos llevar a cabo ejercicios con los dedos para tocar el piano. Si alguna vez intentamos aprender piano cuando éramos pequeños, o si hemos tenido la mala suerte de oír a un niño practicando más recientemente, ya sabemos que practicar piano *no* es lo mismo que tocarlo. Cuando practicamos, aporreamos las mismas notas una y otra vez. Estamos desarrollando memoria muscular en nuestras manos y entrenando nuestra mente para leer las notas, pero eso es muy distinto a interpretar música.

Es lo mismo que conducir. Podemos practicar en un aparcamiento vacío, o tratar de aparcar en paralelo entre dos conos en una calle tranquila, pero no *conduciremos* hasta que no nos aventuremos en el tráfico.

Así pues, para que quede claro, el auténtico despertar no ocurre sobre el cojín de meditación, sino que tiene lugar aquí, en el mundo. El despertar trata de cómo vivimos nuestra vida una vez que nos levantamos del cojín. Y la meditación constituye una preparación para eso.

El Buda brindó instrucciones muy detalladas sobre cómo meditar. Dedicó charlas completas a distintas técnicas y los instructores modernos han escrito libros enteros sobre sus sermones individuales.[2] Las diferentes escuelas budistas han desarrollado estilos ligeramente distintos a lo largo de los siglos, pero la mayoría empiezan con algunas pautas básicas: encontrar un lugar tranquilo, sentarnos en una postura erguida y centrarnos en nuestra respiración.

El Buda nos recomienda algunos lugares tranquilos en los que intentarlo: en el bosque, al pie de un árbol, o en una cabaña vacía.[3] En la actualidad, cualquier habitación tranquila servirá. En la tradición Zen, los meditadores suelen sentarse de cara a la pared. El objetivo es minimizar las distracciones. De nuevo, se parece un poco a practicar la conducción en un aparcamiento vacío. Comenzamos haciendo que las cosas sean lo más sencillas que podamos para nosotros.

La postura tradicional es la posición de loto, con las piernas cruzadas y cada pie descansando en el muslo opuesto. Si podemos conseguirlo es genial. (Probablemente hayamos hecho yoga, lo cual también es genial.) Si no es así, probamos el medio loto, donde descansamos un pie sobre el muslo y el otro se sitúa debajo de él. Si eso supone forzar demasiado, también tenemos la llamada postura birmana, con los dos pies cruzados delante en el suelo. Si nos sentamos sobre una almohada o pequeño cojín, todas estas posturas resultan más sencillas.

También podemos arrodillarnos o incluso sentarnos en una silla. El objetivo es permanecer erguido, con la columna vertebral bastante recta, de modo que el cuerpo se sienta completamente sustentado. Una técnica común es imaginar la coronilla empujando hacia el techo, con la columna vertebral suavemente estirada, pero también relajada, de manera que cada vértebra repose de manera cómoda en la inferior. Si lo hacemos bien, no deberíamos ejercer demasiado esfuerzo para mantener el cuerpo erguido.

Ahora estamos preparados para empezar a meditar. Empecemos configurando un temporizador. *Esto es importante.* Es muy difícil meditar si tenemos que comprobar la hora para saber si ya hemos terminado. Podemos utilizar el temporizador de nuestro teléfono o un temporizador de cocina a la antigua usanza si disponemos de uno, o podemos descargar una aplicación especializada.* Con independencia de lo que elijamos, mi consejo es que empecemos con cinco minutos.

Respiramos profundamente tres veces. Con cada inspiración, somos conscientes de que estamos respirando. Con cada espiración, debemos ser conscientes de que estamos espirando. Tras estas tres primeras respiraciones, tan solo respiramos normalmente, pero mantenemos nuestra consciencia en la respiración, prestando atención a las respiraciones largas y las respiraciones cortas. Tratamos de advertir todas y cada una de ellas.

Una de las formas en que el Buda sugirió que hiciésemos lo anterior consiste en describirnos a nosotros mismos en cada respiración.[4] Inspirando, decimos (silenciosamente): «inspiro». Espirando, decimos: «espiro». Respirando profundamente, decimos: «hago una respiración larga». Cuando la respiración es más breve, decimos: «hago una

---

*   ¡Existen muchas aplicaciones! Me gusta especialmente la aplicación Insight Timer, que es gratuita y fantástica: https://insighttimer.com/

respiración corta». Esto ayuda a mantener la mente libre de distracciones y a centrar nuestra consciencia.

No se trata tan solo de una consciencia mental, sino también física. Debemos *sentir* que respiramos y advertir el modo en que la respiración entra y sale de nuestro cuerpo. Debemos sentirla contra la boca o la nariz y advertir la forma en que nuestro pecho sube y baja. Tenemos que *sentir* cómo el pecho asciende y desciende.

Es bastante común, hoy en día, oír a la gente decir que ciertas actividades aparentemente físicas –como correr o jugar al tenis o al golf– son, en buena medida, mentales; pero lo opuesto también es cierto. Aunque tendemos a concebir la meditación como una actividad puramente mental, como una forma de tranquilizar la mente, también es un ejercicio físico. La meditación no es solo una manera de pensar, sino algo que *hacemos* tanto con nuestro cuerpo como con nuestra mente.

¿Por qué empezar con la respiración? Podemos concebir nuestra respiración como una especie de metrónomo biológico que establece el ritmo básico de nuestra existencia. Quizás creamos que nuestra frecuencia cardiaca podría llevar a cabo esta función, pero la mayoría de nosotros no somos conscientes de nuestros latidos individuales. La respiración parece hallarse en el punto óptimo de estar siempre presente, siendo a la vez plenamente cognoscible y discernible de una manera que no lo son el resto de nuestras funciones corporales.

Si todo esto nos parece sencillo, entonces probablemente aún no nos hemos sentado a intentarlo. A la mayoría de la gente le resulta complicado al principio. Nuestra mente es errática. Empezamos a pensar en alguna cosa molesta que nos ha ocurrido en el trabajo, en un recado que tenemos que hacer más tarde, o en una exnovia de la universidad o en una más actual. Estamos seguros de que acabamos de escuchar el zumbido de nuestro teléfono y nos preguntamos quién podría estar enviándonos un mensaje. En algún momento, nos damos cuenta de que no hemos advertido nuestra respiración, quién sabe durante cuánto tiempo. Deseamos desesperadamente mirar el temporizador y ver cuánto tiempo se supone que nos queda para seguir sentados.

No hay problema. Cuando nos damos cuenta de que nuestra mente se ha distraído, retornamos a la respiración. No importa si esto ocurre una o cien veces. No nos reprendemos a nosotros mismos por ello, sino que tan solo llevamos a cabo otra respiración.

Una vez que nos sintamos cómodos observando nuestra respiración de esta manera, el Buda nos anima a cultivar el mindfulness en la totalidad del cuerpo. Cuando nos sentamos, debemos ser conscientes de que todo nuestro cuerpo está sentado y sentir cada punto en el que nuestro cuerpo toca el suelo por debajo de nosotros, sentir nuestras piernas dobladas una contra la otra, sentir nuestras manos descansando en nuestro regazo, notar el aire contra nuestra piel, y *sentir* este aire, caliente o frío, en quietud o en movimiento. Nuestra consciencia debe incluir cada parte de nuestro ser.

¿Cuán poderosas son estas meditaciones de mindfulness? ¡El Buda consideraba que eran muy poderosas! En un *sutra*, empieza declarando que cualquiera que practique la meditación mindfulness durante tan solo siete años tiene garantizado el nirvana.[5] ¡Eso está muy bien! Pensemos en ello. Siete años podría parecer un periodo muy largo, pero invertimos doce años en la escuela primaria, cuatro en el instituto, ¿y qué tenemos como prueba de ello? (Intentemos iniciar una conversación utilizando el inglés que hemos aprendido en el instituto y sabremos a qué me refiero.) Muchos de nosotros pasamos cuatro, cinco años o más en la universidad solo para prepararnos para un trabajo, y aun así salimos sintiéndonos mal preparados. Pero el Buda afirma que, con *solo siete años* de práctica, conseguiremos mucho más. Podemos tener la llave para superar todo el sufrimiento y encontrar literalmente el nirvana.

Y, en ese momento, a pesar de su estado iluminado, el Buda se nos muestra como un negociador implacable. Porque inmediatamente –¡justo en pleno sermón!– empieza a regatear contra sí mismo. Tal vez, en realidad, seis años serían suficientes, quizás cinco –nos sugiere–, o cuatro. Y sigue descendiendo hasta alcanzar la cifra de un año. ¡Un solo año! Y luego decide que incluso eso es demasiado, admitiendo que tal vez con solo siete meses sería suficiente. ¿Y por qué no seis meses? Y sigue negociando consigo mismo hasta alcanzar un mes y después medio mes, hasta que finalmente lo deja en una semana. Y eso es todo. Es su última oferta. Eso es todo lo que puede abreviar. Si practicamos plenamente la meditación del mindfulness durante tan solo una semana, el despertar está garantizado.

Es un trato bastante impresionante. Pero, ¿cómo es posible? ¿Cómo puede la práctica de la meditación durante siete días, o incluso siete años, acercarnos al despertar?

De nuevo, es como la analogía del piano. Todos esos ejercicios con los dedos nos resultan monótonos, pero producen su magia cuando pasamos a la música real. De manera similar, con el tiempo, una vez que hemos practicado el mindfulness de este modo durante la meditación, empezamos a llevarlo a nuestra vida cotidiana. Tal vez no seamos conscientes de cada respiración o de cada movimiento a lo largo del día, pero dejamos de ser sonámbulos en nuestra vida.

Empezamos a llevar, poco a poco, nuestra práctica de mindfulness más allá del cojín. El Buda señala que, cuando caminamos, debemos ser conscientes de que estamos caminando. Cuando nos detenemos, debemos ser conscientes de que nos hemos detenido. Cuando nos sentamos de nuevo o nos tumbamos, debemos ser conscientes de que nuestro cuerpo está ahí, es decir, nuestro cuerpo entero. Caminando, sentimos el modo en que cada parte de nuestro pie toca la tierra, la forma en que nuestro peso cambia con cada movimiento, el modo en que nuestro cuerpo responde a cada paso y a cada respiración. El objetivo –señala el Buda– es llegar a ser una persona «que actúe con plena consciencia cuando camina, se pone de pie, se sienta, duerme, se despierta, habla y guarda silencio».[6] Esa consciencia, cultivada durante la meditación, comienza a manifestarse en otras circunstancias, en el mundo real. Dicho con otras palabras, el mindfulness empieza a impregnar nuestra vida: en casa, en el trabajo y en todos los lugares.

El mindfulness hace que el resto del sendero de ocho pasos trazado por el Buda también sea posible en otros ámbitos. Empezamos a practicar la recta palabra porque somos conscientes del modo en que nuestra palabra afecta a los demás. Practicamos la recta acción porque somos conscientes de las consecuencias de nuestras acciones; y así sucesivamente. El mindfulness es la clave para el resto del sendero. Todo lo bueno se deriva de él. Como el Buda enseñó: «Habla o actúa con una mente en paz, y la felicidad seguirá, como una sombra que nunca se aparta».[7]

Para experimentarlo directamente, debemos comprometernos ahora mismo con una práctica de meditación diaria. Lo más importante es forjar una rutina de meditación para cada día. Una vez que nos sintamos cómodos con las sesiones de cinco minutos que hemos descrito, recomiendo aumentar a diez minutos. A pesar de nuestra ajetreada vida, es probable que nos levantemos diez minutos antes o nos acostemos diez minutos más tarde. (El estadounidense promedio invierte más de ocho minutos diarios en la ducha,[8] así que, en el peor de los casos, podríamos tomar prestados unos minutos de esa actividad.)

Si practicamos hasta veinte minutos, es maravilloso. Eso es lo que hago la mayoría de los días. Creo que veinte minutos es tiempo suficiente para desarrollar una práctica de meditación poderosa. Si veinte minutos es más de lo que somos capaces de gestionar y lo reducimos a diez, tal vez sea factible añadir una sesión de veinte minutos los fines de semana u otro día libre.

¿Es realmente suficiente con diez minutos al día? ¡Algunos dirían que nunca hay tal cosa como suficiente! El Dalái Lama todavía medita varias horas cada día, y lo ha estado haciendo durante toda su vida.[9] Muchos otros practicantes a largo plazo, menos célebres, también meditan durante largos periodos. Pero a la mayoría de nosotros nos resultaría muy desafiante y asimismo es posible derivar beneficios reales de periodos *mucho* más breves. Al igual que el ejercicio físico, todo ayuda. (¡Diremos más cosas al respecto muy pronto!). Es mucho mejor que dediquemos un *poco* de tiempo a meditar cada día que hacer grandes planes para largas meditaciones que, en realidad, nunca ocurren.

Para ser claros, no puedo prometer ninguna magia después de siete días. Siendo completamente honesto, nunca he entendido por qué el Buda pronunció esas palabras. Porque no es fácil llevar el mindfulness a nuestra vida cotidiana. Es difícil y requiere práctica y paciencia. Pero la clave está en que es posible. Esa es la verdadera lección de la historia vital del Buda. Es la experiencia de una persona que se las arregló para recorrer este camino, siendo capaz de desarrollar suficiente atención para despertar realmente y alcanzar la iluminación. Y si él pudo hacerlo, también nosotros podemos.

7. El problema con la experiencia

Si somos nuevos en la meditación, es probable que los ejercicios descritos en el capítulo anterior nos hayan hecho sentir un poco artificiales y tensos. La mayoría nos sentimos incómodos haciendo algo –cualquier cosa– por primera vez. Nos preocupa que lo estemos haciendo mal. Estamos avergonzados por nuestra ignorancia. Quizás, en este caso, sentarnos solos en una habitación, con las piernas dobladas de esta manera inusual y las manos en el regazo, nos haga sentir algo ridículos. Pero el Buda nos diría que eso está muy bien.

Pasamos gran parte de nuestra vida esforzándonos por ser expertos, sobre todo en el trabajo. Nos gusta sentirnos competentes y capaces. Queremos granjearnos el respeto de nuestros colegas y el elogio de nuestros supervisores. No nos gusta cometer errores. Ahora bien, resulta que hay un peligro real en toda esa aparente experiencia.

En el Japón medieval, el gran maestro zen Eihei Dogen tenía una visión diferente acerca de ser un principiante. Le preocupaba que lo que consideramos experiencia y conocimientos técnicos a menudo condujesen al descuido y la desatención. Veía cierto poder en esa sensación incómoda que sentimos cuando empezamos y no tenemos ni idea de lo que estamos haciendo, denominando a esa mentalidad vacía y ansiosa «mente de principiante». Llegó a decir que sentarse en meditación con una mente de principiante es sentarse como un verdadero Buda, percibiendo el gran riesgo de perder esa mente de principiante cuando proseguimos nuestro entrenamiento en la meditación.[1]

Esta idea no es exclusiva del budismo. La mayoría de las religiones del mundo parecen tener algún concepto similar, alguna noción de «sabiduría básica» inherente a todos nosotros.[2] Sin embargo, parece haber encontrado su expresión más completa y explícita en la escuela del budismo Zen que el maestro Dogen llevó a Japón. Cientos de años después, el moderno maestro zen Shunryu Suzuki amplió y popularizó la idea de Dogen en una famosa serie de charlas que ofreció a sus discípulos estadounidenses en California. «La meta de la práctica –les dijo– es siempre mantener la mente de principiante».[3] Básicamente, ¡enseñó que nunca debemos convertirnos en expertos! Y expuso un consejo tan extraño como el siguiente:

> Esto no significa una mente cerrada, sino en realidad una mente vacía y preparada. Si nuestra mente está vacía, siempre estará lista y abierta para lo que sea. En la mente del principiante hay muchas posibilidades, pero en la del experto hay pocas.[4]

La mente de principiante interviene, obviamente, en el trabajo cuando estamos iniciando una tarea desconocida o embarcándonos en un nuevo trabajo. De repente, ya no nos sentimos tan competentes. No estamos seguros de lo que se supone que debemos hacer. Casi tenemos la certeza de que algo va a salir mal. Nos movemos de puntillas, seguros de que todo el mundo percibe nuestra ignorancia. Nos sentimos como el chico nuevo en el instituto que no sabe dónde sentarse a comer.

Sin embargo, podemos utilizar esta energía nerviosa, esta vigilancia, en nuestro favor. Solo porque nos sintamos incómodos en una situación novedosa, no tenemos por qué estar incómodos *acerca* de sentirnos incómodos. Todas las personas con las que trabajamos tuvieron su primer día también. Ninguno de nosotros nacemos expertos en ninguna cosa, y algunas de las personas que nos rodean probablemente saben menos de lo que creen que saben. El verdadero opuesto de la sabiduría, después de todo, no es la ignorancia, sino la arrogancia. La ignorancia es un estado de ser perfectamente respetable. La ignorancia es el origen de todo conocimiento último. El peligro procede de la arrogancia. Lo maravilloso de ser un principiante es que sabemos que no sabemos, algo que el experto suele olvidar.

Sin embargo, es incluso más importante cultivar la mente de principiante cuando *no* estamos empezando a hacer algo nuevo. Cuando se ha desempeñado un determinado trabajo durante mucho tiempo, puede convertirse fácilmente en una actividad mecánica y rutinaria. Sentimos como si estuviésemos fichando y haciendo las cosas de manera mecánica. Nos convertimos entonces en uno de esos expertos arrogantes que miran con escepticismo a los recién llegados. Ahí es donde se filtra la distracción, ya sea nacida del aburrimiento o de la vanidad. Es en ese momento cuando tenemos que hacer el esfuerzo extra de recuperar la mente de principiante.

Una manera de tratar de eludir la monotonía es simplemente tomándonos un descanso, y contamos con todo un capítulo dedicado a este particular a continuación. Otra manera consiste en cambiar de tarea. Muchos de nosotros tenemos diferentes tipos de tareas que debemos efectuar durante el día, la semana o incluso el año. Un modo de cultivar la mente del principiante es cambiar con más frecuencia a lo largo de estas diferentes tareas y proporcionarnos a nosotros mismos la experiencia literal de hacer algo nuevo más a menudo.

Por otro lado, a veces, reclamar nuestra mente de principiante es tan fácil como propiciar un cambio de ambiente. Cuando estoy bloqueado en un determinado problema, o me siento desmotivado, en ocasiones me traslado con mi ordenador portátil a otra zona del edificio para trabajar allí. (Eso tiene el beneficio añadido de hacer que sea más complicado que me encuentren, así que hay menos posibilidades de verme molestado.) Algunas compañías lo han llevado hasta el extremo, eliminando por completo los espacios de trabajo preasignados. Como en cualquier otro ámbito, la clave es el equilibrio. A menudo es útil estar en nuestro espacio familiar, con todo tal y como nos gusta. (Mi escritorio siempre parece un desastre, pero sé exactamente dónde está cada cosa, de manera que la encuentro rápidamente.) Pero, cuando empezamos a aburrirnos con nuestro trabajo, cambiar a un lugar desconocido nos permite reorganizar las cosas.

La mente del principiante no es lo mismo que el síndrome del impostor, definido típicamente como la «experiencia de sentirse incompetente y de engañar a los demás acerca de nuestras habilidades».[5] Ese es un sentimiento terrible. Observado por primera vez entre las estudiantes universitarias, al principio se asumió que afectaba principalmente a las mujeres. Sentir que uno *está* fuera de lugar parece traer consigo el miedo de que tal vez *se halle* de verdad fuera de lugar y de que pronto uno se vea expuesto como un impostor. Pero, en el presente, se entiende que esto también es muy común entre los hombres. Muchos de nosotros sentimos que, en cualquier momento, nuestros colegas se darán cuenta de que somos un fraude, que realmente no sabemos lo que hacemos.

Lo más importante que debemos recordar cuando empecemos a tener este tipo de sentimientos es que son muy comunes. Casi todo el mundo que conozco en el trabajo padece el síndrome del impostor: incluido, sin duda, yo mismo. No estamos solos. Muchos, si no la mayoría de nuestros colegas, tienen las mismas dudas que nosotros. Sin embargo, estamos donde estamos debido a los resultados de todas nuestras acciones pasadas: lo que el Buda llamaría karma. La suerte puede haber jugado algún papel, pero también ha desempeñado un papel para todos los demás. Nos merecemos estar donde estamos tanto como cualquier otra persona.*

La mente de principiante también puede ayudarnos a combatir el síndrome del impostor. En lugar de tratar de manera desesperada de ocultar nuestra supuesta incompetencia, cultivamos activamente la apertura al aprendizaje y el descubrimiento. En vez de temer admitir que hay algo que no sabemos, estamos ansiosos por encontrar los límites de nuestro conocimiento. Esa es la mejor manera de aprender y de ayudar a aprender a quienes se hallan a nuestro alrededor. Cuando reconocemos de antemano nuestros límites, no tenemos que vivir con el miedo a ser desenmascarados más tarde.

Podemos aplicar el enfoque mental del principiante a cualquier campo. El investigador biomédico de la Universidad de Pensilvania Albert J. Stunkard estudió con Shunryu Suzuki en sus años de juventud y trató de aplicar la mente de principiante en su larga y pionera carrera a la investigación de los trastornos alimentarios. Describió la aplicación de la mente de principiante a su investigación como «considerar cada momento como un descubrimiento y entregarse (él mismo) totalmente a ese momento».[6] En California, el arquitecto de *software* Arlo Belshee aplicó estos mismos principios a la codificación. Al asignar el trabajo en un gran proyecto de *software*, constató que «el trabajador óptimo

---

* De hecho, los únicos que no parecen tener este temor son las personas tan egocéntricas que no pueden imaginarse sino teniendo éxito: exactamente quienes más podrían aprovechar una cierta dosis de duda hacia sí mismos.

para una tarea es aquel que es menos hábil para dicha tarea», porque «intenta más aproximaciones y las prueba rápidamente», por lo que «es más probable que tenga más éxito que alguien que cree que entiende».[7] Dicho con otras palabras, el codificador menos hábil aplica más a su trabajo la mente de principiante.

La observación de Belshee apunta a otro enfoque al que podemos apelar para recuperar nuestra mente de principiante: trabajar con gente nueva. Si somos expertos en lo que hacemos, tratemos de formar un equipo con personas que terminan de empezar. Aprenderemos mucho explicándoles el trabajo y viéndolo a través de sus ojos por vez primera. Tal vez hayamos tenido la experiencia de mostrar nuestro vecindario a personas de fuera de la ciudad y, de repente, verlo de una manera totalmente nueva. Me encanta dar paseos por mi oficina por razones similares: empiezo a advertir todas las pequeñas cosas que me gustan del edificio y que, de otra manera, daría por sentadas. Cuando organizo un nuevo equipo técnico, me gusta que formen parte de él los recién licenciados de la universidad porque sé que nos harán grandes preguntas y nos obligarán a pensar mucho acerca del enfoque correcto, en lugar de repetir lo que funcionó la última vez.

Si somos nosotros los novatos, haremos lo contrario y empezaremos a colaborar con los veteranos. Aprenderemos de ellos, pero ellos también aprenderán de nosotros.

Un enfoque final para mantener la frescura en el entorno laboral es el de forzarnos a convertirnos en principiantes también fuera del lugar de trabajo. Podemos afrontar un nuevo pasatiempo, o aprender una nueva y desafiante habilidad. Por ejemplo, la exitosa profesora de inglés Sheryl Fontaine describió la recuperación de su mente de principiante a través del estudio de las artes marciales fuera de su horario laboral: «Dejé atrás mi identidad como profesora titular, autora y maestra –explicó– y me inscribí para estudiar karate».[8] Aunque hay poca conexión obvia entre las artes marciales y la composición inglesa, descubrió que, «sin la monotonía de las situaciones conocidas», adquiría una nueva perspectiva y autoconsciencia que luego era capaz de proyectar en su trabajo.

Nada de lo anterior significa que la experiencia no cuente, porque sí que lo hace. Soy bastante mejor en muchas cosas de lo que era hace diez o veinte años y suelo aprender mucho de gente que ha estado trabajando en su campo durante largo tiempo. Cito a muchos expertos en este libro porque respeto la sabiduría que han acumulado en el curso de su carrera. Sin embargo, todavía sigo aprendiendo mucho de los recién llegados, y no solo porque haya olvidado algunas cuestiones básicas a lo largo de los años. Mark y Barbara Stefik, investigadores de Silicon Valley, han entrevistado a docenas de inventores y diseñadores, llegando a una conclusión similar a la de Belshee: los estudiantes y las personas recién llegadas a un determinado campo son capaces de resolver los problemas más difíciles porque se supone que no saben que esos problemas son complejos y están dispuestos a intentar «ideas no convencionales que un experto diría que son ingenuas o ilógicas».[9] Por eso, muchas veces es mejor tener el grupo más diverso de colegas que podamos encontrar. Es posible aprender tanto de los expertos como de los principiantes, y lo ideal es que nosotros mismos sigamos siendo expertos y principiantes.

Todos actuamos a veces como expertos que tienen la mente cerrada, y todos podemos beneficiarnos de la mente de principiante, algo que es tan cierto en casa como en el trabajo y que se aplica a todas las áreas de nuestra vida. Los padres aprenden de sus hijos, los maestros de sus estudiantes y (quizás especialmente) los jefes de sus empleados. El gran maestro budista indio Santideva lo sabía y, en el siglo VIII, escribió: «Uno debe ser discípulo de todo el mundo durante todo el tiempo».[10]

El maestro zen Dogen era un poco más ambicioso en sus palabras cuando dijo: «La práctica incondicional de un principiante del sendero es exactamente la totalidad de la iluminación original». Dicho en términos más sencillos, el camino hacia el despertar consiste en abordar la totalidad de nuestra vida con una mente de principiante. Despertar no significa saberlo todo, sino que se parece mucho más a no saber nada.

8. Trabajar sin trabajar

Como hemos discutido en el capítulo anterior, el riesgo de enfocarnos de manera demasiado estrecha es perder nuestra mente de principiante. Sin embargo, acostumbramos a pensar que la mejor manera –quizás la única– de salir adelante en nuestro trabajo es trabajar cada vez más duro. Abundan las historias de personas que trabajan muchas horas, incluso asumiendo múltiples turnos o diversos trabajos, todo para seguir adelante.

Pero ¿y si la respuesta fuese trabajar menos?

Hace unos veinte años, los investigadores de la Universidad de Connecticut efectuaron un experimento en dos compañías de seguros, pidiendo a los empleados que se tomaran cuatro descansos cada hora: tres de solo 30 segundos y luego uno de 3 minutos completos. En otras palabras, se pidió a los participantes que hicieran una pausa cada 15 minutos para un descanso rápido y que hiciesen un descanso más importante cada hora; todo esto sumado a las pausas más largas (como las de la comida) ya incorporadas en sus horarios diarios.

¿Todas aquellas paradas extra ralentizaron las cosas? En absoluto, ¡los que se tomaban los descansos parecían trabajar más! Los investigadores lo llamaron «la evidencia empírica de la utilidad de los descansos breves y frecuentes».[1] Los empleados son más productivos cuando no *siempre* están trabajando.

Es fácil verse absorbido por el culto a los negocios. No nos sentimos productivos –no nos sentimos útiles– a menos que estemos *haciendo* algo, y preferiblemente más de una cosa. *Queremos* estar ocupados y nos sentimos bastante avergonzados si no *parecemos* ocupados. Incluso cuando no estamos inmersos en nuestro trabajo, tenemos que estar haciendo *algo*. Nos fijamos metas para nuestras rutinas de ejercicio y *hobbies*, e incluso para nuestra práctica meditativa. Cuando nuestros amigos nos preguntan cómo estamos, a menudo respondemos con orgullo: «¡Ocupados!».

Como veremos en un capítulo ulterior, aunque las metas en sí mismas no son necesariamente malas, también hay una ventaja muy tangible en tomarse un descanso de vez en cuando. Ciertas modalidades de pensamiento no solo requieren un esfuerzo consciente, sino también periodos de «incubación» inconsciente. Muchos descubrimientos históricos tuvieron lugar mientras célebres «pensadores» no estaban realmente pensando, e incluso los esfuerzos creativos parecen ser facilitados por periodos de descanso.[*] Dicho en términos más técnicos: «Los descubrimientos creativos son el resultado de un proceso en el que el pensamiento consciente inicial es seguido

---

[*]   Paul MacCartney afirma haber escrito en un sueño la melodía de «Yesterday».

por un periodo durante el cual uno se abstiene de pensar conscientemente en la tarea».[2]

Tomarse descansos en el trabajo no es un signo de pereza, sino algo esencial. No se trata tan solo de que nuestra creatividad requiera tiempo para asumir forma. Nuestro cuerpo y nuestra mente simplemente no están hechos para trabajar sin cesar. Necesitamos tiempo para recuperarnos, y no podemos hacerlo sin tomarnos descansos. Son muchos los estudios que demuestran que los descansos no reducen la productividad, sino que suelen incrementarla.[3] Un estudio efectuado con televendedores coreanos constató que aquellos que durante la jornada emprendían descansos satisfactorios y sociales conseguían mejores ventas.[4] Otro estudio realizado con trabajadores en una cadena de montaje de una fábrica europea reveló que «los descansos breves y frecuentes» mejoraban los niveles de atención a lo largo de la jornada, ¡y ya hemos hablado de la importancia de prestar atención![5] Incluso se derivan beneficios del más notorio desperdicio de tiempo en la oficina: navegar por internet. Contrariamente a la creencia popular, un estudio reciente ha puesto de relieve que lo que los investigadores llaman eufemísticamente «navegación de ocio en internet en el entorno laboral» es, en realidad, «una interrupción discreta que permite restaurar el estado de salud mental y fomenta sentimientos de autonomía».[6] Así pues, adelante y comprobemos el Facebook.

Aunque eso nos parezca obvio, trabajar en otra cosa no cuenta como descanso. La investigación demuestra que las pausas son solo eficaces si realmente dejamos de trabajar. (¿Quién lo hubiese pensado?). Como señala una revisión científica: «Los empleados que se dedican a actividades laborales, como la preparación de materiales de trabajo para su próxima reunión, durante los descansos posteriores experimentan más emociones negativas».[7] Si estamos rellenando un formulario de gastos o una tarjeta de registro horario, barriendo el suelo o enjuagando unos platos, no nos estamos tomando un descanso. Esto es solo un cambio de actividad, y no es malo, pero no debemos olvidar que «es precisamente (la) ausencia de demandas relacionadas con el trabajo la que permite que tenga lugar el proceso de recuperación laboral».

La clave para una pausa provechosa es el auténtico desapego. Tal vez por esta razón, el uso del *smartphone* durante los descansos parece ser contraproducente. Una encuesta efectuada a 450 empleados de oficina constató que los que se ponían al teléfono en sus descansos reportaban más «agotamiento emocional y no mostraban los beneficios habituales de la recuperación cuando regresaban a su trabajo».[8] ¿Por qué los teléfonos inteligentes son malos si la navegación web es buena? Quizás se deba a lo que sustituyen estas actividades. Cuando estamos sentados en nuestro escritorio, un poco de internet recreativo es un bienvenido descanso de las tareas relacionadas con el trabajo. Pero, cuando queremos tomarnos realmente un descanso, nuestro teléfono puede absorbernos en los mensajes y los correos electrónicos pendientes.

Además de proporcionarnos tiempo para descansar,

también es importante disponer de tiempo para pensar. Cuando trabajaba como ingeniero de *software*, tenía un jefe que se enfadaba si nos veía sentados en nuestro escritorio sin escribir. Intenté explicarle en cierta ocasión que también necesitábamos tiempo para pensar, resolver problemas difíciles de codificación o diseñar el *software*. «Hazlo en tu coche de camino a casa –contestó– sin interferir en el trabajo». Este es obviamente un consejo terrible. En aquella época, tenía otro jefe que pasaba *una semana entera* cada año fuera de la oficina, sin dedicarse a otra cosa nada más que a pensar. No resulta difícil adivinar cuál de ellos tuvo más éxito.

Si nuestro trabajo no ha sido automatizado, la razón más probable es que exija un auténtico proceso de pensamiento. Confíe en mí el lector y dedique todos los días un tiempo a pensar.

Por supuesto, no solo necesitamos descansos durante la jornada laboral, también tenemos que descansar después del trabajo. Las razones para ello son muchas, incluyendo que hay más cosas en la vida que nuestro trabajo, ¡o debería haberlas! (No tardaremos en dedicar un capítulo al modo de encontrar el equilibrio adecuado entre ambas facetas.) Pero incluso desde la estrecha perspectiva del rendimiento laboral, las horas interminables en la oficina pueden llegar a ser contraproducentes. Un estudio a largo plazo efectuado en Gran Bretaña constataba que «las horas prolongadas de trabajo tienen un efecto negativo en el rendimiento cognitivo».[9] Las mujeres y hombres que trabajaban más de 55 horas semanales obtuvieron puntuaciones más bajas en una prueba de razonamiento cognitivo que quienes trabajaban 40 horas a la semana. Además, «las largas horas de trabajo predecían un descenso en el rendimiento de la prueba de razonamiento en un periodo de seguimiento de cinco años», lo que sugiere que los que trabajaban más también sufrían un mayor deterioro a lo largo del tiempo.

Por supuesto, trabajar menos deliberadamente contradice la esencia de muchas culturas empresariales. Los investigadores que analizaron una gran empresa consultora global descubrieron que los trabajadores *percibidos* como empleados que trabajaban largas horas eran etiquetados como más exitosos y tenían más probabilidades de verse recompensados y promovidos, aunque solo fingiesen abrazar la cultura de trabajo desmedido de su empresa.[10] Los directivos parecían incapaces de distinguir entre los que realmente trabajaban muchas horas y los que no, mientras los trabajadores no revelasen explícitamente que trabajaban menos. Si no armamos un gran escándalo por nuestros descansos o nuestra hora de salida, tal vez nuestro jefe ni siquiera se percate de ello.

En cierta ocasión, conocí a un jefe que tenía la regla de no decir nunca que estaba «ocupado» porque no quería que su personal pensara que el objetivo era la actividad. Si también somos jefes, intentemos dar ejemplo tomándonos descansos reales, tanto durante la jornada como después del trabajo. Por mi parte, trato de no enviar mensajes a nadie una vez concluida la jornada laboral, incluso si me encuentro trabajando, para que los empleados y colegas sepan que es correcto desconectar. Démonos permiso para hacer esto también. Un jefe desinformado puede molestarse si no respondemos a todas horas, pero a la larga nuestro trabajo mejorará si disponemos de suficiente tiempo para descansar.

Thich Nhat Hanh, gran maestro vietnamita del Zen, ilustra el poder de no trabajar con la metáfora de un vaso de agua enfangada.[11] No importa cuánto lo agitemos, porque nunca se aclarará. De hecho, cuanto más lo movamos, más turbio se volverá, puesto que el movimiento solo conseguirá remover el barro. Pero, si dejamos el vaso en paz y no *hacemos* nada en absoluto, el barro se asentará poco a poco en el fondo y el agua se aclarará. La claridad procede de la quietud; o como escribe el futurólogo e historiador Alex Pang: «El descanso no es ociosidad, sino la clave para una vida mejor».[12]

9. El Buda en el autobús

En los años 50, un médico del Medical Research Council de Inglaterra advirtió algo interesante acerca de los empleados del sistema de transporte de Londres. Observando los registros de salud de 31.000 empleados en los icónicos autobuses de dos pisos, descubrió que los conductores presentaban tasas mucho más elevadas de enfermedades coronarias que los cobradores que trabajaban en los mismos turnos.[1] En la mayoría de los demás aspectos, los dos grupos eran en gran medida similares, es decir, mismas edades, idénticos géneros y parecidos estilos de vida. Sin embargo, los conductores se pasaban todo el día sentados, mientras que los cobradores pasaban su jornada de pie, y era eso lo que marcaba la diferencia.

Tendemos a pensar en el Buda como un alma sedentaria, sentado solo y contemplando el universo. Y, como ya hemos señalado, se sentó y meditó, por supuesto, pero lo cierto es que también pasó *mucho* tiempo de pie. Cruzó varios reinos difundiendo sus enseñanzas y moviéndose casi de continuo. De hecho, las reglas definitivas que estableció para las monjas y monjes les prohibían estrictamente pasar demasiado tiempo en un solo lugar.

Podemos imaginar que el papel apropiado para el Buda en un autobús sería el de conductor, liderando el camino, pero en realidad vivió su vida mucho más como el cobrador que arrastra sus pies por los pasillos y se ocupa sin descanso de cada pasajero a bordo.

Hubo una época en que, para todo el mundo, el trabajo significaba actividad física, ya fuese en una fábrica, una granja o una tienda. Sin embargo, hoy en día muchos de nosotros pasamos nuestras jornadas laborales sentados quietos, un poco como esa imagen ideal del Buda que todos tenemos, pero en un escritorio y no en la cima de una montaña. Según un cálculo reciente, los empleados pasan sentados el 62% de su jornada laboral.[2] Nos hemos convertido en una nación de conductores de autobús, con una salud deficiente que lo demuestra.

Probablemente no necesitemos que nadie nos diga que el ejercicio es bueno para nosotros, pero los efectos nefastos de una vida sedentaria y el trabajo van mucho más allá de nuestra salud cardiaca. Lo que podemos decir a este respecto es que la inactividad física es «la causa real que contribuye a, por lo menos, 35 dolencias, incluyendo la mayoría de las 10 causas principales de muerte en los Estados Unidos».[3] En términos del impacto global sobre la esperanza de vida y la muerte por enfermedades no transmisibles, ¡los riesgos para la salud de la inactividad física parecen más o menos comparables a los riesgos de la obesidad y el tabaquismo![4]

Asimismo existen pruebas convincentes de que el ejercicio mejora algo más que la mera salud física.

La actividad física regular también obra maravillas en nuestro estado mental, reduciendo tanto el estrés como la depresión,[5] y parece optimizar específicamente nuestra forma de concebir el trabajo.[6] El ejercicio robustece incluso nuestro pensamiento. Un solo episodio de ejercicio mejora notablemente la cognición, y estos resultados son válidos con independencia de la edad.[7] Y tampoco tiene que ser una sesión sudorosa de Crossfit, porque una serie de experimentos llevados a cabo en la Universidad de Stanford ha descubierto que caminar «potencia el libre flujo de ideas (…) aumentando la creatividad e incrementando la actividad física» al mismo tiempo.[8] (Trato de dar un paseo en el trabajo tan a menudo como me resulta posible.) Aunque los investigadores de Stanford constatan que caminar al aire libre es lo mejor, incluso caminar en una cinta de correr contribuye a estimular la creatividad.

Estos efectos positivos para nuestra mente explicarían en parte por qué el ejercicio parece mejorar también nuestra productividad laboral. Un estudio efectuado con varios cientos de trabajadores de hospitales en Seattle, Minneapolis y Denver ha comprobado que incluso el ejercicio moderado mejora significativamente el desempeño laboral.[9] Y otro estudio similar, llevado a cabo con 201 adultos en el suroeste de Inglaterra, ha puesto de relieve que «el ejercicio mejora el estado de ánimo y el rendimiento, lo que propicia una mejor concentración, mejores relaciones laborales y mayor resistencia al estrés».[10]

Si sabemos que el ejercicio es positivo, tanto para nuestra salud como para nuestra productividad, entonces, ¿es malo sentarse? La respuesta parece ser un poco compleja. Por un lado, los trabajos que exigen que pasemos mucho tiempo sentados a menudo están mejor pagados que los trabajos que requieren que nos movamos de un lado a otro. Echemos un vistazo a cualquier edificio de oficinas y probablemente veamos a ejecutivos y mandos intermedios bien remunerados aparcados en reuniones, y de pie a conserjes y a guardias de seguridad cobrando un salario mínimo. Sin embargo, debido a que esos trabajadores mejor pagados pueden permitirse una mejor atención sanitaria, se enmascaran los efectos negativos que para la salud tiene el hecho de permanecer sentados.[11]

Dicho esto, una encuesta efectuada a más de 200.000 adultos en Australia constata que «las personas que más se sientan y no realizan ninguna actividad física semanal» tienen «una mayor mortalidad por diferentes causas», lo que significa que literalmente fallecen antes que sus vecinos menos sedentarios.[12] De hecho, este estudio estima que «permanecer sentados es el responsable del 6,9% de todos los fallecimientos» entre los adultos de 45 años de edad y mayores. Y alrededor del 25% de esos adultos permanecen sentados por lo menos ocho horas al día.

Sabiendo lo importante que es moverse, ¿permanecería el Buda de pie o utilizaría una cinta para correr en su escritorio? Existen algunas pruebas de los beneficios para la salud de estos enfoques para hacer ejercicio en el trabajo, pero sigo siendo escéptico al respecto. La Clínica Mayo de Minnesota ha puesto de manifiesto que los voluntarios que trabajan en escritorios con cintas para correr realizan más actividad física que los que ocupan puestos de trabajo tradicionales, produciéndose un cierto aumento en el rendimiento de los empleados.[13] Sin embargo, eso sucedía tan solo después de una *disminución* inicial en el rendimiento, presumiblemente porque en realidad es difícil caminar y trabajar al mismo tiempo. Una investigación anterior, efectuada por el mismo equipo, constataba que el uso de cintas de correr tan solo tenía un impacto «muy pequeño» en la salud de los empleados y ningún aumento en el rendimiento por parte de un supervisor, de nuevo después de una merma inicial en ese sentido.[14] Una encuesta exhaustiva de 23 estudios de escritorios de pie y en cinta de correr puso de manifiesto que el rendimiento del teclado y el ratón disminuían con las cintas, lo que arrojó como resultado una reducción de la productividad.[15]

Como veremos después, el Buda no era un gran fanático de la multitarea. Un día en un escritorio de pie o en una cinta de correr podría ser mejor que un día permaneciendo sentado de manera inexorable, pero mejor aún sería un día en el que alternar el estar sentado con alguna caminata ocasional u otra actividad física. Esto puede parecer un lujo inimaginable, pero con un poco de planificación, estos paseos a menudo pueden ser incorporados a nuestra jornada laboral. Una vez tuve un trabajo que conllevaba muchas reuniones individuales con varios compañeros de trabajo, y convencí a casi todos ellos de que debíamos hacerlo mientras caminábamos por el edificio. ¡Habitualmente acumulábamos 16 kilómetros de caminatas en los días con reuniones más pesadas! En otro trabajo, estábamos en un espacio algo abarrotado sin un lugar obvio donde caminar, pero me las arreglé para encontrar otro piso del edificio que aún estaba en construcción y para andar por allí con mis colegas, efectuando largos recorridos a través de los pasillos vacíos. Otras veces, he mantenido reuniones ambulantes en el aparcamiento. A la mayoría de las personas les resulta más natural andar y hablar que caminar, mientras se trabaja, sobre una cinta rodante. Y, por supuesto, ese es mi caso.

También parece haber una buena sinergia entre el mindfulness y el ejercicio. Cuando los investigadores de la Universidad de Louisville encuestaron a los miembros de una asociación local de jóvenes cristianos, descubrieron que los que mostraban un mindfulness más poderoso eran más capaces de seguir un régimen de ejercicios.[16] Y lo que concluyeron es que quizás algo de la «consciencia no crítica y centrada en el presente», desarrollada gracias al entrenamiento del mindfulness, ayudaba a prevenir la «recaída», tan común en los ejercicios, en la que nuestras mejores intenciones caen en saco roto pasadas unas cuantas semanas (¡o menos!). Por su parte, los investigadores que trataban de utilizar el mindfulness para ayudar a las personas que hacían dieta percibieron lo mismo: las mujeres que asistían a los talleres de mindfulness hacían, seis meses después, ejercicio una media de tres veces más por semana.[17] Parece que la práctica del mindfulness nos anima a mantenernos activos, tal vez una consecuencia de generar una consciencia más poderosa de nuestro propio cuerpo y de sus necesidades. Cuando los investigadores en Eugene (Oregón) trataron de reclutar a voluntarios para comparar a los meditadores de larga duración que hacían ejercicio con los que no lo hacían, no pudieron encontrar a *ningún* meditador sedentario.[18] Como explicaron los investigadores: «Todos los practicantes de meditación dijeron que participaban habitualmente en algún tipo de ejercicio moderado».

Al mismo tiempo, el ejercicio parece mejorar nuestro mindfulness, de igual modo que el mindfulness mejora nuestro ejercicio. Un estudio realizado en Finlandia constata que «los adultos físicamente activos presentan mejores habilidades mentales en comparación con los adultos menos activos físicamente».[19] Y, como ya hemos visto en el capítulo 5, el mindfulness cuenta con sus propios beneficios para la salud, similares y complementarios a los del ejercicio físico. Esto permitiría explicar por qué los monjes zen japoneses –los cuales pasan incontables horas sentados más perfectamente inmóviles que los oficinistas más dedicados– parecen tener, sin embargo, una salud general mejor que el promedio.[20]

Encontrar la manera de hacer pausas para el ejercicio durante la jornada laboral tiene múltiples beneficios más allá de lo puramente físico. En primer lugar, crea pausas naturales en nuestra jornada, y ya hemos hablado en el capítulo anterior de la importancia de tomar descansos. En segundo lugar, la interrupción de los largos periodos sedentarios en el trabajo, incluso con ejercicios ligeros, parece ayudar a contrarrestar el impacto de todas esas largas sentadas.[21] Y, en tercer lugar, si podemos encontrar la manera de hacer ejercicio con nuestros compañeros, eso también parece aportar beneficios adicionales. Cuando tres hospitales de Dinamarca instituyeron un programa de ejercicios en el lugar de trabajo, descubrieron que los trabajadores que se ejercitaban con sus compañeros tenían más energía y experimentaban menos dolores y molestias después del trabajo.[22]

¿Qué cantidad de ejercicio debemos hacer? La respuesta será diferente para cada uno de nosotros. Existe el riesgo del sobreesfuerzo, de hacer demasiado ejercicio o de hacer muy poco. El consejo del Buda sería evitar cualquiera de ambos extremos. Como concluye un reciente estudio internacional, «el ejercicio moderado parece ser la cantidad óptima», si nuestro objetivo es aumentar la salud y la longevidad.[23] Aunque el entrenamiento frecuente de alta intensidad resulta contraproducente, no debemos permitir que esto se convierta en una excusa para llevar una vida totalmente sedentaria. Como advirtió el sabio budista indio Santideva: «Cuanto más protegido está el cuerpo, más frágil se vuelve y más degenera».[24] Obligarnos un poco en este sentido es algo positivo.

Para la mayoría de nosotros, las investigaciones señalan que algo similar a «una carrera breve y pausada unas cuantas veces por semana es lo más adecuado».[25] ¡Prácticamente cualquier ejercicio parece ser de ayuda! Un estudio realizado en Canadá reveló que incluso los empleados que iban en bicicleta al trabajo estaban menos estresados que los que conducían.[26]

Mi propia rutina es correr un kilómetro y medio a primera hora de la mañana. No soy un corredor demasiado veloz, de manera que esta actividad me cuesta un poco más de diez minutos, incluyendo el calentamiento inicial. He trazado un circuito de kilómetro y medio a lo largo de mi vecindario, para poder levantarme, vestirme y hacer este rápido ejercicio antes de mi primera taza de té, o mi primer correo electrónico. No es demasiado, pero puedo decir que supone una gran diferencia para mi salud mental y física.

El Buda dedicaba todos los días un periodo a la actividad física, y también nosotros deberíamos hacer lo mismo. La conclusión es que cuidar el cuerpo humano es esencial. Nuestra forma física es preciosa. El monje Santideva también escribió que «el cuerpo es como un objeto prestado».[27] Todo lo que hacemos en esta vida –trabajar, jugar, amar e incluso meditar–, lo hacemos con este cuerpo. Y la mejor manera de cuidarlo es vivir la vida como los cobradores en el autobús de Londres y como el propio Buda. Tenemos que seguir moviéndonos.

La actividad física es esencial para nuestra salud física, nuestra salud mental y nuestra productividad laboral. Encontremos la modalidad de ejercicio que mejor funcione en nuestro caso. Comprometámonos con ella regularmente. Hagamos algo activo en el trabajo todos los días, aunque solo sea pasear por la oficina o por la manzana. Nuestro cuerpo nos lo agradecerá, nuestra mente nos lo agradecerá y, a la postre, nuestro jefe también nos lo agradecerá.

10. Dormir para despertar

El Buda vivió antes de los *smartphones*, los ordenadores, la televisión, la radio, la electricidad e incluso antes de los libros y revistas. Todo lo que había que hacer después de la puesta del sol tenía que hacerse a la luz de una lámpara, y el aceite para lámparas era caro. Parece seguro asumir que la vida después del anochecer era bastante aburrida. Excepto dormir, había muy poco que hacer entre el atardecer y el amanecer.

Quizás por esta razón, al Buda no le preocupaba tanto que sus discípulos durmieran *muy poco*, sino que durmieran *demasiado*. En un discurso dirigido a los laicos, encontramos este versículo:

> *Dormir hasta tarde, el adulterio,*
> *buscar pelea, hacer daño,*
> *los amigos malvados y la mezquindad:*
> *estas seis cosas destruyen al ser humano.*[1]

Sin embargo, eso no era lo peor. Porque, en otra parte, se quejaba del «tonto perezoso y glotón que duerme y se mueve como un cerdo rollizo, alimentado con grano».[2] ¡Ay!

Hoy en día, las cosas son muy distintas. Con tantas distracciones al alcance de la mano, es dormir poco o no dormir lo suficiente lo que se ha convertido en una epidemia. En su libro, *La revolución del sueño*, la autora de superventas, Arianna Huffington, describe su propio colapso literal por la falta crónica de sueño, con su cuerpo y su mente tan destrozados que recuerda haberse desmayado y golpeado la cabeza, «volviendo a recuperar la consciencia envuelta en un charco de sangre».[3] Para la mayoría, la proverbial llamada de atención tal vez no sea tan dramática, pero es muy probable que su historia de vivir tres o cuatro horas de sueño, alimentada por cafés casi constantes, les suene a muchas personas. Alrededor del 6% de la población de los Estados Unidos informa que duerme menos de cinco horas en una noche habitual entre semana, y alrededor del 40% señala que duerme menos de seis horas. Este sueño tan breve se ha asociado con diferentes síntomas, desde la obesidad y la diabetes hasta un mayor riesgo de padecer dolencias cardiacas, muerte por cáncer e incluso suicidio.[4] Pero, aun evitando los peligros más extremos, la falta de sueño puede causar sobrepeso e infelicidad.*

Esta falta de sueño tiene un coste muy apreciable en el entorno laboral. Quizás pensemos que estamos siendo héroes al incluir una hora extra de correos electrónicos y de escribir informes cuando deberíamos estar en la

---

* *Buddha's Diet*, mi primer libro (coescrito con Tara Cottrell), dedica un capítulo completo al modo en que las noches de insomnio nos hacen engordar.

cama, pero lo contrario es mucho más probable. La revisión de una investigación reciente sobre el insomnio pone de relieve que se halla «asociado de manera consistente con las elevadas tasas de absentismo» en el trabajo, así como con un mayor riesgo de padecer accidentes y una reducción de la productividad. En lugar de convertirnos en superestrellas de la oficina, la falta de sueño «inhibe la progresión de nuestra carrera» y «degrada la satisfacción laboral».[5] Otro estudio sostiene que el trabajador estadounidense promedio pierde el equivalente a 7,8 días de productividad cada año debido a la falta de sueño, lo que le cuesta a sus empleadores aproximadamente 2.280 dólares por empleado.[6] Y cierto estudio sitúa la caída de la productividad «relacionada con la fatiga» en 3.156 dólares por empleado en el caso de los insomnes, es decir, casi el doble que la de los empleados que duermen bien.[7] Y no se trata tan solo del coste para las empresas. Un análisis económico reciente constata que el aumento de una hora de sueño «*incrementa* las ganancias en un 1,1% a corto plazo y en un 5% a largo plazo», a pesar de que dormir más deja menos tiempo para el trabajo real.[8] Eso es *mucho* dinero y ni siquiera tiene en cuenta el ahorro en la factura mensual de Starbucks.

La cura para todo esto es simple pero no fácil: más sueño. Entonces, ¿cómo lo conseguimos?

Tenemos que empezar por hacer del sueño una prioridad. Debemos preocuparnos tanto por «acostarnos tarde» como por llegar tarde al trabajo, y tal vez incluso más, ya que perder ese periodo de sueño también arruinará nuestro trabajo de la jornada. Decidamos cuándo tenemos que levantarnos por la mañana y restemos ocho horas de eso. Eso es lo último que deberíamos hacer antes de irnos la cama, porque para entonces *ya* deberíamos estar durmiendo.

Creemos un ritual para la hora de acostarnos. Algunas personas encuentran que les resulta útil leer, idealmente en papel (véase más sobre esto en la página siguiente). Otros pueden preferir escribir en un diario o tomar una infusión de hierbas o un descafeinado. Sin embargo, debemos apartarnos del alcohol como ayuda para dormir. Aunque una o dos bebidas pueden ayudarnos a conciliar el sueño, también lo interrumpen[9] (entre otros problemas). No comamos demasiado tarde por la noche y tratemos de hacer algo de ejercicio durante el día (como acabamos de apuntar). Ambas cosas son de gran ayuda.

Hay algunos consejos adicionales que son innegociables. En primer lugar, quizás lo más importante que debemos hacer es dejar de utilizar el teléfono y otros dispositivos electrónicos por la noche. Alrededor del 90% de los estadounidenses utilizan algún dispositivo electrónico una hora antes de acostarse,[10] siendo los dispositivos «interactivos» como los teléfonos inteligentes y los ordenadores portátiles los que causan la mayor interrupción del sueño. Los aparentemente inocuos libros y lectores electrónicos también son problemáticos. Los estudios demuestran que, cuando las personas utilizan estos dispositivos, normalmente «tardan mucho más en dormirse y tienen menos somnolencia nocturna», así como «una reducción de la lucidez mental a la mañana siguiente», en comparación con la lectura de un libro impreso.[11] Incluso la luz tenue de estos dispositivos suprime la hormona melatonina, lo que interrumpe el ciclo natural del sueño. No existe ningún sustituto a apagar estos dispositivos mucho antes de que sea la hora de irse a dormir. Confíe en mí el lector.

En segundo lugar, necesitamos oscuridad. En pocas palabras, nuestro cerebro está programado para dormir en la oscuridad y para despertar con la luz, y luchar contra esta tendencia natural causa estragos en nuestro reloj circadiano. Una encuesta de varios estudios recientes ha puesto de relieve que la exposición nocturna a la luz brillante causa todo tipo de problemas para conciliar el sueño.[12] Empecemos a disminuir las luces mucho antes de la hora de acostarnos, y si no podemos oscurecer realmente nuestro dormitorio (o si dormimos con una pareja que permanece despierta hasta tarde), invirtamos un poco de dinero en una máscara decente para dormir. Nos sorprenderemos de la gran diferencia que esto supone.

Si simplemente no podemos dormir lo suficiente durante la noche, las siestas breves durante el día son otra opción. Las siestas se han asociado durante mucho tiempo con la pereza, pero ese estigma está empezando a desvanecerse. Existen sólidas evidencias de que incluso una siesta corta nos torna más productivos[13] y mejora el rendimiento laboral posterior.[14] La clave es encontrar un lugar tranquilo y no dormir demasiado tiempo. A la mayoría de las personas les resultan suficientes de 15 a 30 minutos. El antifaz para dormir, que acabamos de mencionar, también es muy útil en este caso.

Por cierto, incluso el Buda tuvo que lidiar con la vergüenza de la siesta. Hay una historia en la que uno de sus monjes lo criticó en cierta ocasión por dormir una siesta, diciendo que *otros* maestros llamaban a este tipo de comportamiento «permanecer en el engaño».[15] Esto era aparentemente un insulto entre los antiguos maestros indios y ninguna persona iluminada lo tomaba a la ligera. El Buda explicó que era un día caluroso y que acababa de comer, y de todos modos lo que importaba era quién estaba iluminado y no quién echaba una siesta. (Y, por cierto, el Buda estaba iluminado y el monje no, así que no debemos olvidar este detalle.)

El Buda consideraba que el sueño reparador es uno de los múltiples beneficios de la meditación. En una historia, explica: «El pacífico duerme bien, habiendo alcanzado la paz de la mente».[16] Y, en otro lugar, señala que después de la «liberación de la mente» por medio de la meditación, «uno duerme bien, uno se despierta felizmente (y) no tiene pesadillas»,[17] entre muchas otras ventajas, incluyendo la de resultar más agradable para otros seres humanos, lo que tampoco es nada desdeñable.

Los meditadores modernos también suelen constatar lo anterior. Un estudio clínico certifica que los pacientes con un currículo de meditación de seis semanas de mindfulness no solo mejoran su sueño, sino que también presentan menos síntomas de depresión y fatiga.[18] Y hay otras personas que perciben mejoras significativas en el «insomnio y la alteración del sueño» a partir de los tratamientos basados en mindfulness.[19]

Que queramos o no meditar justo antes de acostarnos dependerá de cada cual. Algunas personas descubren que despeja su mente y les ayuda a prepararse para dormir. Sin embargo, hay quienes se levantan de la meditación sintiéndose más alertas y despiertas. Para ellos, las mañanas son una mejor opción. Los monasterios budistas tradicionales suelen practicar ambas opciones, con sesiones de meditación organizadas a primera hora de la mañana y a última hora antes de apagar la luz.

¿Pero qué ocurre si estamos acostados en la cama, envueltos por la oscuridad, hemos evitado comer tarde, nos hemos mantenido alejados del alcohol o la cafeína, hemos realizado ejercicio ese día y todavía no podemos conciliar el sueño? Incluso si no practicamos meditación sedente formal por la noche, algunas de las mismas técnicas de las que hemos hablado antes nos ayudarán a relajarnos. Tenemos que encontrar una posición cómoda en nuestra cama y relajar gradualmente cada músculo, comenzando con los dedos de los pies hasta llegar a la coronilla. Luego, escuchamos nuestra respiración, haciendo todo lo posible para no concentrarnos en ninguna otra cosa. Observamos el ir y venir de los pensamientos sin permitir que nos atrapen. Dejamos el teléfono donde está, incluso si de repente recordamos un mensaje que queríamos enviar. No podemos olvidar que nada es más importante ahora mismo que dejarnos llevar y dormirnos.

Se requiere un mínimo de experimentación para encontrar una rutina que funcione en nuestro caso. No debemos dejar de intentarlo. El sueño es uno de los mayores regalos que podemos hacernos a nosotros mismos. Trabajaremos y nos sentiremos mejor. Tan solo tenemos que recordar que no es posible despertar sin haber dormido primero.

11. Decir la verdad

Son muchos los credos que tienen un mandamiento contra la mentira. En el Antiguo Testamento, no mentir es uno de los Diez Mandamientos de Dios (ya sea el octavo o el noveno, dependiendo de quién los enumere).* El islam también considera que la mentira es un pecado grave. Y el budismo no es una excepción en este sentido. El Buda insistió en que cualquier monje que dijera una mentira deliberada tenía que confesar su error.[1] En otro lugar, incluye mentir, matar, robar y el adulterio como algo que todos nosotros, monjas, monjes y laicos por igual, debemos evitar.[2]

Pero no es necesario que el Buda o yo mismo digamos que no hay que mentir en general, y que no hay que mentir en el trabajo en particular. Eso es algo que ya sabemos. Sin embargo, la mayor parte del tiempo no decimos la verdad en el trabajo, sobre todo en situaciones difíciles. Un estudio señala que el adulto promedio miente por lo menos una vez al día.[3] Y la tendencia a mentir en el tra-

---

* Generalmente, es el octavo para católicos y luteranos; el noveno para judíos, cristianos ortodoxos, calvinistas y anglicanos. La Biblia no lo enumera con claridad.

bajo es incluso mayor que en otros entornos sociales.[4] Nos cubrimos, eludimos preguntas difíciles, damos respuestas vacías o un *feedback* tIbio, en lugar de decir realmente lo que pensamos. También asentimos con la cabeza cuando nuestro jefe dice algo descabellado. ¿Por qué razón?

Kim Scott, popular autora y cofundadora de Radical Candor, señala que eso es lo que hemos aprendido a lo largo de nuestras carreras para «evitar el conflicto o la vergüenza».[5] Creemos que la clave del éxito en el trabajo es llevarse bien con todo el mundo y no causar problemas, y que hacer esto pasa por evitar las verdades incómodas. Sin embargo, de hecho, como explica Scott, los resultados de ser sinceros suelen ser mucho más positivos de lo que imaginamos, incluso cuando entregamos un mensaje difícil: «Tememos que la gente se enfade o se vuelva vengativa y, en lugar de eso, están *agradecidos* por la oportunidad de hablar al respecto». A la postre, a nadie le gusta que le mientan.

Sin embargo, ser sincero tiene matices, y el Buda también lo entendía así. Solo porque una cosa sea cierta no significa que sea lo correcto en ese momento. Esto es algo que nunca pude explicarle a mi abuela. Era incapaz de resistirse a compartir lo que *realmente* pensaba sobre mis decisiones, ya fuera en cuestión de suéteres o en mi carrera. He tenido innumerables colegas que tampoco lo han entendido nunca, y que aprovechaban cualquier oportunidad para menospreciar a sus compañeros de trabajo, señalando cada error sin importancia en nombre de un *feedback* sincero. Pero ser honesto no significa ser idiota.

El Buda habló mucho sobre lo que constituye la «recta palabra», que él consideraba parte integral del sendero que conduce al nirvana. La verdad solo es un aspecto. Antes de decir algo, aunque sea cierto, el Buda nos recomienda que nos hagamos algunas preguntas: ¿Es útil? ¿Es el momento adecuado? ¿Y es amable?[6]

En primer lugar, hablemos de la ayuda. Si un colega se presenta a trabajar con unos zapatos horrendos, no tenemos ninguna obligación de señalarlo. Si despiden a un compañero incompetente, no hay que decir: «Me sorprende que hayas durado tanto». La cuestión no es *solo* si estas afirmaciones son ciertas, sino *también* si son lo que la otra persona necesita oír. Tenemos que preguntarnos si escuchar estas cosas le ayudará en algún sentido.

La mayoría tenemos una capacidad limitada para aceptar las críticas. Si se nos solicita *feedback* acerca de una presentación o informe que es un desastre total, a menudo es más útil seleccionar una o dos cuestiones en las que nuestro colega pueda mejorar y guardar el resto de nuestro comentario para la siguiente ocasión. Si un compañero de trabajo nos pide nuestro *feedback*, muchas veces es mejor aclarar de antemano qué es exactamente lo que está buscando de nosotros. Si solo quiere un alto nivel de aquiescencia o de desaprobación, es posible que no aprecie una reevaluación pormenorizada de su estilo y manera de expresarse.

Del mismo modo, nada puede hacerse en el lugar de trabajo si debatimos sin cesar las mismas cuestiones una y otra vez. Una cosa que me gusta recordar es que, si estoy trabajando con un grupo de personas inteligentes y bien intencionadas, la segunda mejor decisión es casi tan buena como la más óptima.* Por lo tanto, incluso si, en un momento dado, estamos *seguros* de que llevamos la razón en algo, es mejor dejar de lado nuestro desacuerdo para que el equipo siga avanzando. Una vez que esté claro que una discusión adicional no cambiará las ideas de nadie, deja de ser útil que sigamos manifestando nuestro desacuerdo.

Al Buda también le preocupaban el *cuándo* y el qué. Como hemos mencionado, si un equipo tiene conflictos con una cuestión polémica, tal vez sea el momento de guardarnos nuestra desconfianza. Muchas personas responden de manera deficiente a las críticas en público, por lo que la reunión de un grupo grande puede no ser el momento idóneo para ofrecer *feedback* sobre su trabajo, sin importar lo bien intencionado que sea. Cuando alguien acaba de recibir una reprimenda de su jefe, quizás sea el momento menos adecuado para admitir que estamos de acuerdo en casi todo lo que ha dicho. Si alguien acaba de brindar una presentación de alta presión a un cliente importante, tal vez no sea el momento correcto para decirle lo mal que pensamos que lo ha hecho, porque no tardará en darse cuenta de

* Si no estoy trabajando con un grupo de personas inteligentes y bien intencionadas, quizás sea el momento de seguir adelante de cualquier manera. Si no confiamos en que la segunda mejor opción también será buena, es posible que tengamos dudas más profundas acerca de este equipo o de este trabajo que es imprescindible abordar.

ello y, en el caso de que no lo haga, siempre es posible sacarlo a relucir posteriormente.

Estoy seguro de que podemos reparar en muchos otros ejemplos similares. Incluso decir lo correcto en el momento equivocado suele ser mucho peor que no decir nada en absoluto, sobre todo cuando sabemos que la verdad es difícil de aceptar. Por eso el Buda consideró que encontrar el momento adecuado para brindar un determinado *feedback* es tan importante como decir la verdad. Como él dijo:

> A quien considero más excelente y sublime es a aquel que habla y desprecia al que merece ser despreciado, y ese desprecio es exacto, veraz y oportuno; y que también alaba al que merece sus elogios, siendo este elogio exacto, veraz y oportuno.[7]

Dicho con otras palabras, tanto si compartimos la alabanza como el desprecio, la oportunidad es clave.

La última amonestación del Buda en particular sobre la «recta palabra» es quizás la más difícil, pero también la más indispensable: tenemos que ser amables. Esto no quiere decir que todo tenga que ser endulzado, pero incluso la crítica más directa debe ser «dicha con suavidad», como expresara el Buda, «con una mente llena de bondad amorosa».[8]

La cosa más importante que debemos recordar es cuidar a la persona y guardar las críticas para su trabajo. No importa cuán malo sea el trabajo que alguien efectúe, es un ser humano digno de respeto. Tenemos que dejarle claro este respeto en *todas* nuestras interacciones y no solo cuando vertemos nuestra crítica. Construimos la confianza con nuestros colegas cuidando de ellos todos los días, preguntándoles por su pareja o sus hijos, verificando las cosas después de una enfermedad o una tragedia, e interesándonos, por ejemplo, acerca de unas vacaciones recientes. Nuestros colegas quieren ser vistos como personas íntegras y serán mucho más receptivos a las críticas si saben que provienen de un sincero deseo de ayudar.

Lo mismo se aplica cuando estamos en el lado de la recepción de dicho *feedback*. Tratemos de aceptar la crítica como un reflejo de nuestro trabajo, no de nosotros mismos, incluso si el compañero que nos critica no está capacitado para llevar a cabo esa diferenciación. Y estemos de acuerdo con el *feedback* o no, no debemos permitir que la discusión se convierta en algo personal. El Buda nos aconseja no odiar a la gente que nos critica, sin importar la dureza de sus críticas. Nos pide que ni siquiera odiemos a alguien que pueda «cortarnos salvajemente miembro por miembro con una sierra de dos mangos»,[9] algo que podemos sentir en ocasiones cuando nuestro trabajo está siendo atacado.*

Otra cuestión que debemos tener en cuenta es que, para la mayoría de nosotros, es más difícil ser cruel cara a cara que por correo electrónico, texto o teléfono. Esto

---

*   Sin embargo, en caso de amputación real de las extremidades, definitivamente debemos notificarlo a Recursos Humanos.

significa que es mucho más seguro verter críticas en persona. Hace años, tuve un jefe que me aconsejó que nunca dijera nada negativo a ninguna persona por correo electrónico: un consejo que habitualmente olvido y que luego, de pronto, desearía haber recordado. No solo es difícil juzgar nuestro propio tono cuando nos comunicamos electrónicamente, sino que también perdemos todas las señales sutiles de cómo está siendo recibido nuestro *feedback*. Cuando nos hallamos físicamente presentes, normalmente sentimos lo que escucha la otra persona y no solo lo que pensamos que estamos diciendo. Si percibimos que algo no está siendo recibido como esperábamos, podemos modular nuestro tono y ajustar nuestras palabras.

Estas lecciones sobre la bondad son particularmente difíciles en el caso de que seamos directores o supervisores, porque entonces nuestro *trabajo* es brindar un *feedback* honesto. Muchos directores se esfuerzan en exceso en ser amables, lo que resulta en lo que la autora Kim Scott llama «empatía ruinosa», la cual, según ella, «es responsable de la gran mayoría de los errores de gestión» que percibimos en el mundo empresarial.[10] El objetivo prioritario de proporcionar *feedback* en el trabajo no es, por lo general, hacer que alguien se sienta mejor,* sino

---

* Hay excepciones a esta regla. He tenido a personas en el trabajo que me han dicho que tienen cáncer, que alguien cercano a ellos está enfermo o ha muerto, o que un matrimonio afronta una dolorosa ruptura. Esas situaciones son el momento equivocado para ofrecer un *feedback* crítico. Lo prioritario es brindar consuelo; la crítica relacionada con el trabajo puede esperar.

ayudarle a trabajar de manera más eficaz. Cuando es bien entregado, el *feedback* honesto suele conseguir ambas cosas. De nuevo, la clave consiste en ser directo y en centrar la crítica en el trabajo y no en la persona. El gran maestro budista indio Santideva resumió el consejo del Buda de la siguiente manera: «Uno debe hablar con confianza, con frases mesuradas, con un sentido claro, deleitando la mente, agradando al oído, suave y lentamente, y con palabras que provengan de la compasión».[11] Si somos capaces de suministrar *ese* tipo de *feedback*, estaremos en el camino de ser *muy* buenos jefes.

Para ser claros, el Buda no pensaba que ninguna de estas cuestiones supusiese una licencia para mentir. Los códigos monásticos tradicionales prevén muy pocas excepciones a la regla de decir la verdad. El Buda admitió que en ocasiones hablamos muy «deprisa» y, por lo tanto, hacemos malas interpretaciones.[12] Él estableció otra excepción cuando simplemente nos expresamos de manera incorrecta y decimos una cosa, aunque nos referimos a otra. En ambos casos, si bien no se considera una violación de la regla budista, debemos corregir el error en cuanto nos sea posible. Pero eso es todo lo que el Buda permite. En un sermón que dio a su propio hijo, le señaló lo siguiente: «No dirás una mentira ni siquiera en broma».*[13] ¡Caramba!

---

*   El Buda no fue un gran padre, como explicaremos en el capítulo 17, pero su hijo se ordenó finalmente monje y se unió a la *sangha* budista, tras lo cual su padre hizo todo lo posible para adiestrarlo.

El Buda ofreció todas estas consideraciones principalmente para alentarnos a pensar antes de hablar. Recordemos que, muy a menudo, menos es más. El Buda era un gran entusiasta del silencio y de saber cuándo hacer una pausa. Como tantos consejos contenidos en este libro, el mejor camino es el de la ponderación y el equilibrio. Tenemos que pensar antes de hablar, eligiendo el momento y el lugar adecuados, así como las palabras correctas. Como dijo el Buda en otro verso: «Mucho mejor que mil declaraciones sin sentido es la palabra significativa, que, habiendo sido escuchada, aporta paz».[14]

12. Budas que se pelean

Dado su amor hacia la verdad, tal vez nos sorprenda saber que al Buda le preocupaban mucho las discusiones. Una de las ofensas más graves de su código monástico era la de «causar un cisma» en la *sangha*, permitiendo que las disputas escapasen a todo control. Probablemente había visto esta perdición en otras escuelas de yoga y meditación de la India en su época y no quería que sus seguidores cayesen en la misma trampa. También entendía que cualquier grupo de personas que pasaran mucho tiempo juntas tendría desacuerdos, *especialmente* cuando se comprometieran a decir la verdad, como insistía el Buda que hicieran sus seguidores. Cuando enumeró las cinco «acciones perjudiciales» que conducen a un renacimiento inmediato en el infierno, las disputas descontroladas hasta el punto de crear un cisma, fueron equiparadas a *matar a la propia madre*.[1] Así pues, pensaba que se trataba de algo muy negativo.

El Buda sabía que encontrar formas saludables de mostrar el desacuerdo era esencial para la supervivencia de la comunidad. Sus monjas y monjes debían aprender a discutir constructivamente y a resolver las disputas de manera amistosa. Y esto es tan cierto en el lugar de trabajo como en el monasterio. Una cierta cantidad de conflicto en el entorno laboral es inevitable, pero si no se controla, se nos escapará de las manos. Las disputas pueden comenzar con «conflictos de tareas» aparentemente menores, desacuerdos sobre cómo se supone que se debe completar algún trabajo. Sin embargo, las cosas se complican cuando se transforman en «conflictos de relaciones», es decir, en el caso de que asuman un cariz más personal.[2]

El consejo del Buda a sus monjes contiene una sólida sabiduría que también podemos aplicar al trabajo. Lo más importante es jugar limpio. Como explicó el Buda, si alguien nos pregunta acerca de algo, la respuesta correcta nunca es «aplastarlo, ridiculizarlo y aprovechar los pequeños errores». Básicamente, no tenemos que convertirnos en bravucones. El Buda dijo que cualquiera que recurra a tales técnicas «no es apto para hablar»,[3] y estoy de acuerdo con ello.

También es esencial centrarse en las ideas y no en las personas. Como acabamos de exponer, el Buda concedía un alto valor a la verdad. No importa *quién* tiene razón, sino *qué* es lo correcto. El objetivo de cualquier debate o discusión en el trabajo nunca debe ser «ganar», sino descubrir la verdad.

Por esta razón, reprimir puntos retóricos o explotar declaraciones erróneas no intencionadas carece de valor. Con independencia de la habilidad de nuestro oponente, deberíamos discutir la mejor versión posible del punto de vista opuesto. Si dos personas de mi equipo están en desacuerdo, en ocasiones les pido que lleven a cabo un ejercicio en el que cada uno haga todo lo posible por asumir la perspectiva del otro. Forzarnos a pensar en la lógica de la otra parte y tratar de expresar esa posición tan favorablemente como nos sea posible, suele ayudar a revelar dónde podemos encontrar aspectos en común, ¡e incluso llegar a convencernos de que tenemos que cambiar de opinión!

Todo esto nos lleva al tema de las reuniones. Casi nadie recuerda un día de trabajo y piensa: «Ojalá hubiese tenido más reuniones». Sin embargo, las reuniones son una parte importante de la forma en que se efectúa el trabajo en muchas organizaciones y son, probablemente, el lugar donde terminan la mayoría de las discusiones en el entorno laboral.

Como tantas otras cosas en este libro, es posible tener muchas reuniones o muy pocas. El problema que conllevan demasiadas reuniones es obvio: nadie tiene tiempo para *hacer* todas las cosas que se deciden en ellas. El exceso de reuniones también puede desencadenar un círculo vicioso. Una vez trabajé en una compañía donde casi todo el mundo estaba siempre manteniendo reuniones. Esto significaba que nunca se podía encontrar a nadie en su escritorio, así que la única manera de hablar con ellos era programar otra reunión. Las reuniones se multiplicaban y el problema solo conseguía empeorar.

Por otro lado, mantener muy pocas reuniones también parece una contradicción de los términos, pero es algo que sucede y que causa problemas. Una vez trabajé en una empresa de nuevo cuño que no tenía ninguna reunión programada y solo contaba con una sala de reuniones para toda la empresa. El resultado feliz era que todos teníamos mucho tiempo sin estructurar para hacer un trabajo serio y reflexivo. También era fácil encontrar a personas concretas cuando se necesitaba conversar con ellas, pero era *muy* difícil hablar con mucha gente a la vez. Podías tratar de acorralar en una discusión improvisada a todos los que necesitases, pero siempre alguien estaría haciendo otra cosa, sin darse cuenta de que su presencia era imprescindible para esa charla no programada en particular. Al no planear estos debates de antemano (en otras palabras, al no *programar las reuniones*), nunca estábamos seguros de que reuniríamos al mismo tiempo a todos los que necesitábamos.

La mayoría de las reuniones se dividen en dos categorías: toma de decisiones o intercambio de información. Las reuniones de toma de decisiones serán generalmente discusiones activas en las que participarán todos (o, al menos, la mayoría de los asistentes), mientras que las reuniones de intercambio de información suelen ser más pasivas, y en ellas quizás solo una persona hable y el resto escuche. Algunos dirán que esta segunda categoría ha quedado obsoleta y que el correo electrónico u otros medios similares son mejores para las comunicaciones entre varios receptores. No estoy de acuerdo. Escuchar directamente a un compañero de trabajo es algo único. Hay niveles de matices y emociones que se pierden en la comunicación escrita, o incluso en la transmisión de vídeos y similares. En cierto modo, cada conferencia que el Buda ofrecía podía considerarse una reunión de este segundo tipo, ¡y eran tan valiosas que sus discípulos memorizaban lo que decía!

Las reuniones pueden asimismo ser demasiado masivas o excesivamente reducidas. En una reunión de toma de decisiones, el riesgo suele ser que la reunión sea demasiado grande. La regla general es que debemos invitar a todas las personas imprescindibles para tomar la decisión pero no más. La razón para ser estrictos en este caso es que el exceso de participantes disminuye la calidad del debate. Las conversaciones entre dos personas son muy eficientes porque cada uno expresa sus puntos de vista y responde al otro de inmediato. Cuando hay tres personas, el intercambio es más difícil, y solo empeora a partir de ahí. Cuanta más gente participe, más difícil será mantener las cosas en el buen camino.

Por lo general, se sabe si una reunión de toma de decisiones es demasiado grande si algunas personas no están participando, o si la discusión se mueve en círculos. Cuando veamos que sucede esto, lo mejor es efectuar una pausa y proponer una reunión más pequeña para resolver este punto en particular, y luego seguir adelante.

En cambio, en una reunión de intercambio de información, el riesgo suele ser que sea demasiado reducida. En este caso, lo que queremos es incluir a todas las personas que deben conocer cualquier información que se esté compartiendo; ya que normalmente son solo una o pocas personas las que hablan, añadir más personas aumenta la audiencia y, por lo tanto, hace que la reunión sea *más* eficiente y no menos. En estas situaciones, merece la pena que seamos generosos con nuestras invitaciones.

Un problema muy común es confundirnos acerca de qué tipo de reunión estamos tratando de tener, o de organizar reuniones que pertenezcan a ambas categorías. Entonces hay que sortear las presiones conflictivas de pretender que la reunión sea pequeña y grande al mismo tiempo. A veces es mejor dividir estas reuniones híbridas en dos: una pequeña reunión para tomar las decisiones, y una mayor para comunicar las decisiones a un grupo más amplio.

Muchas personas consideran que las invitaciones a las reuniones son una fuente de prestigio. Después de todo, si las reuniones de toma de decisiones son muy pequeñas, entonces ser invitado a una de ellas debe significar que uno es importante, incluso esencial. Yo me sentí así durante muchos años. Luchaba por asistir a lo que creía que eran reuniones importantes, y me molestaban las ocasiones en que no me incluían. Esta es otra de las razones por las que a veces las reuniones son demasiado grandes: no queremos herir los sentimientos de nadie dejándolo fuera. La maestra de preescolar de mis hijas decía: «Siempre hay lugar para uno más». Ese es un maravilloso espíritu de inclusión para los patios de recreo y las fiestas, y trato de seguirlo, pero es terrible para muchas reuniones laborales.

A medida que he progresado en mi carrera, he llegado a sentir exactamente lo contrario acerca de las invitaciones a las reuniones. Ahora cualquier reunión de la que me excluyan es una pequeña victoria. Si la gente es capaz de tomar una decisión sin mí, entonces les he informado y empoderado con éxito. Debo estar haciendo algo bien. Solo quiero que me inviten a las reuniones en las que realmente haga falta y, aun así, espero poder organizar las cosas para que no se requiera mi presencia la próxima vez.

En los últimos años, también he desarrollado algunas reglas básicas para las reuniones. En primer lugar, nunca interrumpir a nadie que esté hablando o trate de tomar la palabra. ¡Esto es mucho más difícil de lo que parece! Muchas empresas y equipos tienen una cultura de la interrupción, de modo que, si esperamos un verdadero resquicio antes de hablar, tal vez no lo hagamos nunca. Aun así, intento hacer el esfuerzo consciente de no interrumpir a la gente y de encontrar otras maneras de señalar que me gustaría decir algo a continuación. Interrumpir a los demás en las reuniones es altamente contagioso, pero esperar nuestro turno también puede ser sorprendentemente contagioso. Cuando no interrumpimos, a menudo nos damos cuenta de que los demás también dejan de hacerlo.

En segundo lugar, en las reuniones de toma de decisiones, trato de asegurarme de que todos los presentes tengan la oportunidad de hablar y de que nadie monopolice la conversación. Después de todo, si la reunión ha sido, de entrada, organizada correctamente, todo el mundo *tiene que* participar; de lo contrario, no habrían sido invitados. No debería haber meros espectadores en una buena reunión de toma de decisiones.

Sin embargo, solemos ver que una o dos personas dominan la discusión, y que hay varios participantes que no hablan en absoluto. Por supuesto, es posible que se haya invitado a las personas equivocadas, en cuyo caso también cabe la posibilidad de que deseemos proponer, como hemos mencionado antes, que la reunión se reprograme con un grupo más reducido. No obstante, la mayoría de las veces, la cuestión es que algunas de las voces necesarias están luchando por ser escuchadas. Trato de animar a los miembros más callados a que hablen. «No creo que hayamos escuchado lo que piensa...» es una buena manera de crear espacio para los demás.

Tercero, trato de seguir las reglas del desacuerdo que hemos expuesto al principio de este capítulo. El objetivo de la reunión es tomar la decisión correcta y no alimentar el ego de nadie. No importa *quién* tenga razón, siempre y cuando lleguemos a la mejor conclusión posible. El debate en las reuniones nunca debe ser personal. Nadie debe salir de una reunión sintiéndose atacado personalmente, e incluso los que están en el lado «perdedor» deben terminar sintiéndose escuchados.

Por último, no podemos obsesionarnos con la perfección. Muchas veces es más positivo adoptar una *buena* decisión en el momento presente que tomar la *mejor* decisión más tarde. Una vez más, en una sala llena de gente inteligente y bien intencionada, incluso la segunda mejor decisión es con toda probabilidad muy buena y casi con seguridad lo suficientemente buena.

Las reuniones, a pesar de su reputación tan maltrecha,

son extremadamente productivas. La *sangha* original del Buda se reunía dos veces al mes, en los días de luna nueva y luna llena, para recitar las reglas monásticas y confesar cualquier violación de estas. Todas las monjas y monjes asistían y participaban en el debate.

La mayoría de nosotros probablemente no podemos arreglárnoslas en el trabajo con una sola reunión cada dos semanas, pero podemos tratar de asegurarnos de que todas las reuniones a las que asistimos sean imprescindibles y eficaces, comprometiéndonos a escuchar a los demás y a no apegarnos demasiado a nuestros propios puntos de vista.

No conozco a nadie que realmente disfrute peleando con sus compañeros de trabajo. Por supuesto que no. El Buda creía que todos «los seres desean vivir sin odio, hostilidad o enemistad» y que, en cambio, «aspiran a vivir en paz».[4] Apuesto a que así es como nos sentimos la mayoría de los días.

Cualquier grupo sano de personas disciplinadas manifestará una variedad de opiniones. Incluso las personas iluminadas parecen estar en desacuerdo de vez en cuando, como comprobaremos si alguna vez asistimos a una reunión de maestros budistas. Sin embargo, podemos vivir en paz, aunque no coincidamos con nuestros colegas. Solo tenemos que recordar estas reglas básicas y nunca permitir que las discusiones en nuestro lugar de trabajo se nos vayan de las manos.

13. Cómo ser ambiciosos

Si la causa de todo nuestro sufrimiento es nuestra constante lucha por más, ¿en qué lugar deja eso a nuestra carrera? ¿Acaso un trabajo exitoso no requiere que *queramos* lograr más éxito, en concreto *más* éxito del que tenemos en este momento? Esto parece requerir un cierto nivel de esfuerzo. ¿Podemos realmente triunfar en los negocios sin realmente intentarlo?

En muchos aspectos, los monjes budistas se inclinaban tradicionalmente por esta falta de ambición, y todavía lo hacen en las escuelas Theravada comunes en el sudeste asiático. Salen todas las mañanas a mendigar y se les prohíbe de manera estricta guardar alimentos para el día siguiente. En un sentido muy real, comienzan cada día literalmente con nada* y esperan que todas sus necesidades –al menos desde una perspectiva nutricional– se vean satisfechas por la comunidad. Más allá de sus necesidades diarias, no tienen razón alguna para luchar por las posesiones materiales porque se les prohíbe acumular riquezas.

---

* De acuerdo, tampoco literalmente nada. Se les permiten tres batas, un tazón, una navaja de afeitar, un colador de agua y aguja e hilo.

Incluso las donaciones de alimentos adicionales han de ser regaladas al final del día, así que mendigar más tiempo o de manera más efectiva es inútil. Conseguir más comida en cualquier ronda de limosna supondría más para llevar y, potencialmente, más para desperdiciar.

Sin embargo, ese sistema solo funciona porque no *todo* el mundo es o alguna vez fue monje. *Alguien* tiene que pensar en el futuro, plantar y cosechar siguiendo las estaciones y planear y preparar las comidas. Al fin y al cabo, alguien tiene que ganar suficiente dinero para donar fondos para construir monasterios donde habiten las monjas y los monjes y caminos por los que caminen.[*] Los budistas tienden a considerar que esta situación es mutuamente beneficiosa, puesto que las monjas y los monjes se dedicarán a difundir el Dharma con el apoyo de los laicos. Con independencia de que les parezca más o menos justo, el hecho es que los monjes viven de esta manera porque hay otras personas que planifican las cosas de antemano.

Y, más allá de eso incluso, ¿por qué, de entrada, alguien se convierte en monja o monje? Obviamente, no por el dinero, ya que a las monjas y monjes se les prohíbe incluso manejar dinero, como tampoco por ninguna de las otras

---

[*]   Cuando China invadió el Tíbet, en la década de 1950, y comenzó a desmantelar su sistema monástico, las autoridades chinas afirmaron que los monjes tibetanos explotaban a los laicos llevando vidas ociosas mientras otros trabajaban. El hecho de que el pueblo tibetano estuviera dispuesto –incluso deseoso– a participar en este arreglo era considerado un síntoma de que les habían lavado el cerebro.

posesiones relacionadas con la riqueza y el poder, como casas lujosas (prohibidas), ropa (prohibidas) o sexo y drogas (ambos prohibidos). Sin embargo, parece razonable asumir que muchos de ellos están persiguiendo *algo*. Se requiere un cierto esfuerzo para abandonar nuestro hogar y someterse a estas reglas austeras. Debe haber *alguna* motivación detrás de todo ello. ¿Acaso no es el esfuerzo por despertar una forma de lucha?

Los budistas se han enfrentado a esta paradoja desde el principio. El mismo Buda tenía muy claro que los años transcurridos tras abandonar el palacio no fueron un vagabundeo sin rumbo; tenía una meta y un propósito. Estaba buscando algo, hasta que finalmente lo encontró. Si no hubiera logrado nada en esos seis años, no lo llamaríamos el Buda. Sería el olvidado príncipe Siddhartha, otro holgazán que desaparece.

El mindfulness en sí mismo implica una especie de objetivo: prestar toda nuestra atención a lo que hacemos. Los budistas creen firmemente en el viejo dicho de que aquello que vale la pena, merece la pena hacerlo bien. Esta es la actitud que predomina en los templos zen de todo Japón, donde se aplica tanto a los hábiles artesanos que trabajan la cerámica y la pintura como a los monjes silenciosos que rastrillan la arena. Sin importar lo que hagamos, no hay nada malo en tratar de hacer nuestro trabajo lo mejor posible. Y este *empeño* es, en sí mismo, un objetivo.

Los budistas también suelen tener metas a largo plazo. Los grandes proyectos –ya sea construir un nuevo templo, terminar los estudios de Medicina, rellenar una compleja hoja de cálculo o cerrar un trato- requieren tiempo. No lograríamos nada si ninguno de nosotros tuviera metas. Sin objetivos, nunca podría haber escrito este libro.

Ahora bien, no todos los objetivos son iguales y tampoco todos ellos son dignos de nuestro esfuerzo. Las ramas posteriores del budismo consideraron que el voto de *bodhisattva* era la meta más elevada. Los *bodhisattvas* son seres plenamente iluminados –Budas potenciales– que, sin embargo, han decidido retrasar su entrada en el nirvana completo hasta que también hayan liberado a todos los demás seres del sufrimiento. (Hay un capítulo sobre esta meta específica al final del libro.) Después de ese objetivo, la segunda meta más noble sería la búsqueda individual para descubrir nuestro propio despertar. Si eso nos parece un poco egoísta, el razonamiento tradicional que subyace a exaltar dicha meta es que realmente no podemos ayudar a otras personas a superar el sufrimiento hasta que lo hayamos hecho nosotros mismos. De lo contrario, todavía estamos inevitablemente atrapados en nuestros propios deseos egoístas, por lo menos de vez en cuando. Si queremos dedicarnos a cuidar de los demás, también tenemos que cuidar de nosotros mismos.

¿En qué lugar deja esto a los objetivos propios de nuestra carrera profesional, como conseguir la siguiente promoción, lograr el próximo cliente o hacer la próxima venta? ¿Qué decir entonces de tratar de conseguir un aumento, bonificación o simplemente solicitar un mejor trabajo?

El Buda enseñó que los *malos* objetivos, las metas

malsanas o perniciosas, tienden a provenir de tres fuentes problemáticas: la codicia, el odio y el engaño. Cualquier objetivo motivado por uno de estos tres factores se halla intrínsecamente contaminado. Por el contrario, cualquier meta libre de estas manchas será adecuada.

Esto puede ser un poco complicado de resolver en la práctica. A menudo debemos observar profundamente nuestras metas para descubrir nuestras verdaderas motivaciones. Puede que no tenga nada de malo aspirar a un aumento de sueldo para proporcionar más seguridad y comodidad a nuestra familia. Pero, por sí solo, más dinero no salvará un matrimonio fracasado ni criará a niños desatendidos. Eso requiere amor, no dinero, y creer lo contrario es simplemente uno de los muchos engaños que nos llevan por el mal camino.

Del mismo modo, desear un ascenso porque creemos que trabajaremos mejor con un equipo más grande o con responsabilidades más amplias, o querer un nuevo trabajo porque pensamos que estamos mejor preparados para ello, quizás sea correcto. Sin embargo, considerar que el salario o los títulos son una especie de puntuación en la vida no es sino una muestra de codicia.

Y el odio también es malo, pero probablemente eso ya lo sabemos. Tratar de salir adelante tan solo para vengarse de otra persona, o para tener poder sobre los demás, nunca es un buen objetivo.

Algunos meditadores de larga duración terminan con el problema opuesto: ¡no tener demasiados objetivos, sino muy pocos! Una vez que se percatan de que una buena cuenta bancaria o un currículum impresionante no les aportarán genuina felicidad, ¿cómo pueden concentrarse en el trabajo? ¿Qué sentido tiene?

Y, en cierto modo, tienen razón: carece de sentido. No es más fácil darse cuenta del despertar en una mansión que en una pequeña choza, sino que puede ser incluso más difícil. El Buda huyó de su vida palaciega por una buena razón: había algo en todo ese lujo que le distraía. Pero una vida de dolor y privaciones tampoco era la respuesta. Toda aquella angustia física no hacía sino crear sus propias distracciones.

Como ocurre con el resto de las enseñanzas budistas, la respuesta parece residir en el equilibrio y en encontrar el camino medio. Algunos éxitos materiales en la vida son útiles y nos ayudan a proporcionar una base para la práctica. Todo es relativo. Para algunas personas, tomarse un tiempo libre en el trabajo para unirse a un retiro de meditación de una semana de duración suena como un lujo inimaginable. Para otros, en cambio, trabajar cincuenta y pico semanas al año, en lugar de vivir a tiempo completo en un templo, puede parecer una dificultad terrible. El equilibrio adecuado entre el trabajo, la familia y la práctica será diferente para cada uno de nosotros. Si queremos abandonar nuestro trabajo y mudarnos a un templo –y podemos permitírnoslo–, ciertamente no seré yo quien detenga a nadie, pero si queremos seguir trabajando para mantenernos a nosotros mismos y a nuestra práctica, tampoco hay nada malo en ello. Mientras nuestras metas sean puras, cualquier camino es noble.

Tengamos en cuenta que, en ocasiones, hasta los objetivos más eminentes se convierten en distracciones. Hay una famosa historia acerca de Ananda, uno de los discípulos más realizados del Buda. Ananda asistió a casi todos los sermones ofrecidos por el Buda y su memoria prodigiosa hacía que fuese capaz de recitarlos completamente palabra por palabra. Tras la muerte del Buda, sus discípulos decidieron congregar a 500 de sus seguidores plenamente despiertos para ponerse de acuerdo sobre sus verdaderas enseñanzas y asegurarse de que las propagasen correctamente a la siguiente generación de discípulos. Y, por supuesto, querían que Ananda los acompañase. ¡Él sabía más que nadie acerca de las enseñanzas! Pero había una dificultad: Ananda aún no había alcanzado el despertar.

¡Qué lástima! Ananda se sentía muy molesto. Los otros discípulos acordaron hacer una excepción: la reunión sería ahora de 499 estudiantes iluminados más Ananda. ¡Problema resuelto! Sin embargo, podemos imaginar lo humillante que resultaba para él. Ananda se comprometió a alcanzar el despertar antes de la reunión. ¡No había nada malo en ello! En teoría, ese es un objetivo perfectamente noble. El impulso hacia el despertar también era uno de los objetivos del Buda. Todo este enfoque extremo en el futuro y no en el presente se interponía en el camino de Ananda. Y, en este caso, había una impureza básica en su motivación: no intentaba alcanzar el despertar para acabar con el sufrimiento o para ayudar a los demás; simplemente no quería sentirse avergonzado en la reunión.

Todo tenía que ver con el ego y, de hecho, era una forma de codicia. Así pues, Ananda meditó tan duro como pudo, pero incluso así no podía conseguirlo. Estaba bloqueado.

La noche anterior a la reunión, Ananda sabía que estaba al límite. Permaneció despierto toda la noche meditando, tal como el Buda había hecho antes de su gran despertar, pero no tuvo suerte. Por la mañana, todavía no lo había alcanzado y se le terminaba el tiempo. Tendría que tragarse su orgullo y asistir a la reunión como el colectivo de todos más uno. Había fracasado. Tras haber renunciado a su meta de alcanzar el despertar, se acostó para dormir un sueño muy necesario, ¡y bam!... Antes de que su cabeza tocara el suelo, alcanzó el despertar. Todo lo que había hecho era dejar de obsesionarse con el resultado.

A veces, debemos hacer solo una cosa para conseguirlo: sentirnos orgullosos de nuestro trabajo y dedicarle toda nuestra atención. No hay nada malo en albergar objetivos saludables, siempre y cuando no estemos motivados por la codicia o el odio y seamos honestos con nosotros mismos acerca de lo que lograremos o no. Sin embargo, no debemos permitir que las metas se conviertan en otra distracción, ni dejar que nos impidan prestar atención. En ocasiones, la mejor manera –incluso la única– de alcanzar nuestros objetivos es renunciar a ellos.

14. Lo que Yoda no hizo bien

No basta con tener metas, sino que también debemos hacer el esfuerzo de alcanzarlas. Tenemos que intentarlo.

Algunas personas creen que el Buda era una persona alegre y con suerte. La estatua sonriente y regordeta que se ve en los restaurantes chinos –y que, en realidad, *no* es el Buda*– refuerza este estereotipo. Las cuentas budistas que cuelgan del cuello de los hippies y los fans de Phish también contribuyen a esa imagen. Las representaciones del verdadero Buda suelen mostrarlo sentado o tal vez recostado. Tiende a parecer pacífico y contento, dignificado y sabio, pero nunca parece que se *esfuerce* demasiado.

En realidad, el Buda no era de los que aceptan las cosas tal como vienen, sino que lo *intentó*. Trabajó duro y esperaba que sus seguidores también lo hicieran. Le importaba mucho lo que él llamaba *esfuerzo*. El despertar –explicaba– no es solo algo que sucede. Para que un

---

* Es un monje gordito de China que se convirtió en símbolo de buena suerte. Su nombre es Hotei en japonés y Buddhai en chino, lo que es una fuente de confusión.

monje siga el sendero, «debe ejercer un esfuerzo, movilizar su energía, aplicar su mente y luchar».[1] Como resume el monje y erudito Bhikkhu Bodhi: «El trabajo de autocultivo no es fácil» y requiere un «esfuerzo inagotable». No existe sustituto para llevar a cabo ese trabajo, y «no hay nadie que pueda hacerlo por nosotros, excepto nosotros mismos».[2]

Al Buda también le preocupaba mucho la pereza, la otra cara del esfuerzo, quizás porque es muy fácil confundir la meditación con la ociosidad. Y enumeró la pereza, junto con el alcoholismo y los juegos de azar, como formas seguras de ruina, siendo muy específico a la hora de describir los peligros de volverse demasiado perezoso:

> Pensando: «Hace demasiado frío», uno no trabaja; pensando: «Hace demasiado calor», uno no trabaja; pensando: «Es demasiado pronto», uno no trabaja; pensando: «Es demasiado tarde», uno no trabaja; pensando: «Tengo demasiada hambre», uno no trabaja; pensando: «Estoy demasiado lleno», uno no trabaja.[3]

Probablemente todos hayamos tenido días así, días en los que encontramos innumerables razones para no hacer nada y muy pocas razones para hacer algo. Y es muy posible que también hayamos trabajado con gente que parece sentirse de ese modo todos los días.

En el ámbito laboral, solemos llamar *agotamiento* a este fenómeno, y es un auténtico problema. Como bien sabía el Buda, todo lo que merece la pena exige esfuerzo. Y eso incluye todo, desde el progreso profesional hasta el despertar espiritual. No llegaremos a ningún lado si no somos capaces de invocar la energía adecuada para intentarlo.

La clave para evitar el agotamiento y mantener el esfuerzo en el trabajo parece residir en hacer las cosas que disfrutamos y que nos satisfacen personalmente. Esto puede parecer intuitivamente obvio y, de vez en cuando, imposible. Sin embargo, la buena noticia es que la investigación efectuada en el ámbito laboral señala que no tenemos que amar nuestro trabajo *todo* el tiempo. Los investigadores de la Clínica Mayo han encuestado a cientos de médicos sobre una amplia gama de temas que cubren las características del trabajo y la satisfacción profesional,[4] y lo que han descubierto resulta sorprendente: «Los médicos que invierten por lo menos el 20% de su tiempo en algún aspecto de su trabajo que es significativo para ellos tienen una tasa de agotamiento de aproximadamente la mitad de los que pasan menos del 20%».

Es decir, invertir solo el 20% de nuestro tiempo haciendo la parte de nuestro trabajo que realmente amamos es suficiente para mantenernos motivados. Según el estudio de la Clínica Mayo, invertir más tiempo no suponía demasiada diferencia. Esto era cierto sin importar qué partes del trabajo les gustasen más a los médicos. Algunos encontraban más satisfacción en el cuidado de los pacientes, otros en la enseñanza a otros médicos y otros en la gestión administrativa. Pero no importaba *lo que* les resultase más atractivo, siempre y cuando pasaran por lo menos el 20% de su tiempo haciéndolo.

En una jornada típica de ocho horas, el 20% es poco más de hora y media. No parece *demasiado* tiempo. Un posible enfoque es conseguir que esto sea lo primero que hagamos cuando lleguemos al trabajo; otro enfoque es convertirlo en una recompensa por realizar otras tareas. He probado ambas opciones y encuentro que ambas estrategias resultan satisfactorias. A veces es más una cuestión de hacer una pausa con el fin de darnos cuenta de que *ya* estamos efectuando la parte de nuestro trabajo que más sentido tiene para nosotros. Tal vez trabajemos en el comercio minorista o en la industria de servicios, y lo que realmente nos gusta es conversar con los clientes y ayudarles a encontrar lo que buscan. Quizás esto no sea posible programarlo por adelantado, pero podemos recordarnos cada día que es lo que hace que nuestro trabajo sea especial.

Tengo otros dos rituales que me ayudan a encontrar este equilibrio. En primer lugar, cuando llego al trabajo, elaboro una lista de las cosas que he de realizar ese día. Algunas de ellas serán cosas que debo hacer, pero otras serán cuestiones que quiero hacer. Escribirlo todo me ayuda mucho, tanto para no olvidarme de nada como para mantenerme motivado durante el resto del día. En segundo lugar, antes de irme a casa por la noche, trato de recapitular mi jornada. ¿Cómo he invertido mi tiempo? ¿Qué es lo que he conseguido? ¿He llegado a hacer las partes de mi trabajo que más me gustan?

Utilizamos estos rituales para asegurarnos de que cada día dedicamos un poco de tiempo a las cosas que más nos gustan. Empecemos incluyendo algunas de ellas en nuestra lista: son tan importantes a largo plazo como el nuevo proyecto que nos ha confiado nuestro jefe o la fecha límite que se avecina esta semana. Escribirlas junto con nuestras otras prioridades diarias asegura que no se pierdan en el frenético ritmo marcado por otras tareas.

Y, al final de la jornada, recapitulamos cómo hemos invertido nuestro tiempo. ¿Las decisiones que hemos adoptado hoy nos hacen sentir bien? ¿Hemos pasado por lo menos una hora o dos haciendo el trabajo que más nos gusta? En caso contrario, ¿qué cambios efectuaremos mañana para reconducir la situación? Así pues, intentamos que el día de mañana sea un poco más equilibrado que hoy.

Muchas de las otras técnicas descritas en este libro también ayudan a mantener despierta nuestra energía, como comer bien, dormir lo suficiente y hacer ejercicio con regularidad. Cuando percibamos que nuestra energía flaquea, tratemos de tomarnos un descanso y caminar, incluso durante solo cinco minutos. Si podemos salir al exterior, aún mejor: nuestro cuerpo y nuestra mente están programados para despertar bajo la luz del sol.

Otro factor que contribuye al agotamiento es el fracaso, o sencillamente el *miedo* al fracaso. Es difícil mantener alta la energía si el trabajo no funciona bien. Trabajar en un proyecto que fracasa se nos antoja una pérdida de tiempo.

Sin embargo, *no es* una pérdida de tiempo. El fracaso es una señal útil: nos dice que estamos asumiendo riesgos reales. Si nunca fallamos, no intentaremos nada demasiado complicado. En Silicon Valley, los empresarios suelen hablar de la virtud de «fracasar rápidamente».[5] Esto no quiere decir que el fracaso sea por fuerza bueno, pero si hemos de fracasar, mejor hacerlo lo más pronto posible.

Cuando aplicamos esto a nuestro propio trabajo, suele ser útil abordar primero la parte difícil de un proyecto arriesgado. Si fallamos, por lo menos no habremos invertido demasiado tiempo y pasaremos a lo siguiente. Si empezamos con las partes más fáciles, terminaremos trabajando semanas o meses en algo antes de descubrir que, después de todo, nuestro enfoque no va a funcionar. Al empezar con las partes más desafiantes, también disfrutamos de la emoción del descubrimiento y de enfrentarnos a lo desconocido. Esto a menudo contribuye a mantenernos motivados. Aunque no funcione, aprenderemos mucho trabajando en una cuestión difícil. Y si tenemos éxito, seguiremos adelante hasta el final, sabiendo que la mayoría de las veces la navegación será tranquila.

Para muchos de nosotros, el esfuerzo y la ambición suelen ir de la mano. No se puede lograr nada sin esfuerzo, y es más fácil mantener el esfuerzo cuando se tiene un objetivo en mente. Nuestra lista de tareas cotidianas abarca nuestros objetivos a corto plazo, mientras que nuestras ambiciones profesionales describen nuestras metas a más largo plazo. No querremos obsesionarnos con esto a diario, pero reflexionar sobre nuestra progresión profesional mensualmente, más o menos, nos ayuda a mantenernos motivados cada día. Cuando nos damos cuenta de que alguno de nuestros objetivos es inalcanzable, lo tachamos y nos reorientamos hacia otro, pero nunca dejamos de intentarlo.

Cierta historia nos cuenta que el Buda residió en cierta ocasión en un monasterio junto a cientos de sus seguidores más devotos. Tras una breve visita a una aldea cercana, muchos de los monjes se sentaron a conversar en vez de meditar.[6] El Buda los vio holgazaneando y los amonestó por no esforzarse lo suficiente: «Depende de cada uno ejercer un gran esfuerzo; los maestros solo nos dicen cómo».[7]

Una vez más, los objetivos en sí mismos no son suficientes. Tenemos que trabajar duro. El maestro zen de ficción más famoso del universo es probablemente Yoda, el diminuto maestro que instruye a Luke Skywalker en la serie de películas *La guerra de las galaxias*. Yoda le dijo a Luke: «Hazlo o no lo hagas, pero no lo intentes».[8] Lamentablemente, en este punto en concreto, el maestro Yoda se equivocaba.

15. Acordarse de respirar

Digamos que hacemos todo aquello de lo que venimos hablando hasta el momento. Meditamos y aplicamos el mindfulness. Dormimos bien, comemos adecuadamente y hacemos ejercicio con frecuencia. Decimos la verdad y hablamos con honestidad. Tenemos metas saludables y ejercemos el esfuerzo adecuado para alcanzarlas. Y, sin embargo, seguimos teniendo días malos en el trabajo. Esto es algo que ocurre. Todos tenemos días malos. Incluso los tienen los meditadores más experimentados que conozco.

Muchas veces, los días malos se reducen a algún tipo de malentendido, lo que el Buda llamaría una ilusión. Una de las lecciones del Buda era que las cosas no siempre son lo que parecen. Nuestra mente nos juega malas pasadas. En ocasiones, hace que las cosas nos parezcan mejores de lo que realmente son. Y, en el trabajo, creo que la mente suele empeorar las cosas.

En mi trabajo, trato de distinguir entre dos tipos de problemas, a los que llamo problemas reales y problemas falsos. Un problema real, simplemente, es aquel que, si no se resuelve, hará que suceda algo malo. Un problema falso, por otro lado, puede ignorarse sin que acarree consecuencias negativas.

Esto puede sonar como una distinción obvia, pero una vez que empezamos a clasificar los problemas de esta manera, es sorprendente cuántos de ellos resultan ser falsos. Por ejemplo, para muchas personas, un problema común en el entorno laboral es la sensación de que no le agradamos a un determinado colega o un jefe. Eso nunca nos hace sentir bien y suele causarnos mucho estrés. *Sentimos* que es un problema que debemos resolver. Pero en ese caso tenemos que preguntarnos: ¿qué ocurre si *no* lo resuelvo? A menos que esta supuesta aversión esté causando un conflicto real e interfiriendo con nuestra capacidad para llevar a cabo nuestro trabajo, probablemente podamos ignorarlo. No tenemos que agradarle a todo el mundo, aunque eso nos haga sentir bien.

En las compañías más grandes, en ocasiones se observan preocupaciones sobre cuestiones como que dos personas posean la misma titulación o muy parecida, o que dos equipos tengan la misma misión o muy similar. Esto puede crear tensión y hacer que ambas partes se sientan amenazadas, aunque rara vez se interpongan en el camino del otro. Otro tema muy común son dos maneras diferentes de llevar a cabo una tarea concreta, o el desacuerdo sobre el formato correcto para algún tipo de reunión o informe. Seguramente la coherencia es mejor, ¿verdad? Tal vez. Pero ante tal situación, suelo preguntarme qué pasaría si no se hiciese nada al respecto; y, muy a menudo, la respuesta es que no ocurriría nada.

Las personas que me plantean falsos dilemas en el trabajo suelen subrayar su urgencia explicando cuánto tiempo ha persistido el problema –quizás semanas, meses o incluso años–, sin percatarse de que esto es una evidencia de la *ausencia* de un problema real. Si una situación ha existido durante meses o años sin acarrear consecuencias negativas, probablemente no sea un auténtico problema. Y, si la única consecuencia de no solucionar ese problema, es que seguirá existiendo dentro de un mes o incluso un año, es una razón más para dudar de que estemos obligados a resolverlo. Lo más probable es que un supuesto problema que no empeora en un año no sea tan grave.

Esta filosofía va en contra, supuestamente, del famoso refrán que dice: «Nunca dejes para mañana lo que puedas hacer hoy». Y tal vez se acerque más a la versión irónica de Mark Twain: «Nunca dejes para mañana lo que puedas hacer pasado mañana»,[1] lo cual no supone fomentar la pereza de la que acabamos de hablar en el capítulo anterior. El trabajo que hay que hacer debe efectuarse y no retrasarse innecesariamente. Sin embargo, muchos de nosotros pasamos nuestras jornadas laborales enfrentándonos a más problemas de los que podemos resolver de manera realista. Esa es una fuente muy común de los días malos. En esa situación, tiene más sentido concentrarse en los problemas importantes.

Para ser claros, no hay nada *malo* en resolver problemas falsos propiamente dichos. En ocasiones, merece la pena solucionar estos problemas para que la gente deje de hablar de ellos. (Esto cuenta como una consecuencia, aunque bastante pequeña.) Es solo que el esfuerzo debe ser proporcional a los beneficios. Si la gente pierde mucho tiempo preocupándose por un falso problema, merece la pena un mínimo esfuerzo para resolverlo. Pero no querremos dedicar mucho tiempo a algo solo para apaciguar las preocupaciones de la gente.

En otras palabras, no es que los problemas falsos no sean problemas en absoluto porque hay *alguien* que presumiblemente cree que son reales. Sin embargo, no necesitamos ser ese alguien. Se parece un poco al viejo dicho zen: «Las cosas no son lo que parecen, ni tampoco son de otra manera».[2] Los problemas falsos siguen siendo problemas, pero no tienen por qué ser *nuestros* problemas.

Aun así, habrá algunos días en los que sentiremos que los problemas reales superan nuestra capacidad de gestionarlos. A veces sentiremos como si *todo* descansase sobre nuestros hombros y nadie más hiciese nada en absoluto.

Cuando esto me ocurre mí, trato de averiguar si me lo he buscado. ¿Por qué han aterrizado tantos proyectos en mi mesa? Muchas veces me doy cuenta de que es porque yo los he pedido. Tal vez porque creía que nadie más podía gestionarlos, o, peor aún, porque estaba *seguro* de que otras personas podían hacerlo y me preocupaba que mi jefe se diera cuenta de que yo no era imprescindible.

Existen algunos remedios para esta situación. En primer lugar, tenemos que confiar en nuestros colegas. No debemos sentir que tenemos que hacerlo todo nosotros. Es muy raro, en la mayoría de las empresas, que haya un trabajo que solo lo pueda realizar una persona. De entrada, es un riesgo enorme. ¿Y si nos ponemos enfermos o cambiamos de empresa, quién hará el trabajo entonces? Cuanto antes haya otra persona que aprenda los trucos del oficio, mejor para todos.

En segundo lugar, no nos peleemos por el trabajo. Si alguien quiere hacerse cargo de una determinada tarea, casi nunca me opongo. Hay muy pocas cosas que siento que solo puedo hacer yo. Casi siempre hay trabajo más que suficiente para todos, mucho más. Debemos tratar de no ser territoriales y de aceptar la ayuda cuando nos la ofrezcan.

En tercer lugar, admitamos nuestras limitaciones. No intentemos escabullirnos cuando tenemos muchas cosas que hacer. Debemos decírselo a nuestro jefe y a nuestros compañeros. Lo peor es mostrar confianza hasta la fecha límite para luego decepcionar a todo el mundo. Si necesitamos ayuda, debemos solicitarla lo antes posible.

Y, cuando todo lo demás falla, no nos olvidemos de respirar.

Ya hemos hablado de la respiración en el contexto de la meditación mindfulness, y también es posible utilizar la respiración a lo largo de la jornada como forma de superar los momentos de estrés y desesperación. Como dijo Thich Nhat Hanh, maestro vietnamita de Zen: «Respirar es un medio para despertar y mantener la plena atención».[3] Es una herramienta que portamos de continuo con nosotros y que está disponible cada minuto del día. «El aliento es esencial para nuestra existencia»,[4] explica el renombrado profesor de yoga Eddie Stern, y «el vínculo entre el aliento y la mente se halla en la raíz de casi todas las prácticas contemplativas y religiosas».[5]

El Buda se mostraría de acuerdo. Él enseñó que es posible alcanzar el pleno despertar utilizando solamente la consciencia de la respiración. Hay una historia en la que el Buda estaba completando un retiro de tres meses con algunos de sus mejores discípulos cuando decidió que aún podían progresar más en su camino hacia el despertar. Les dijo que se quedaría un mes más para darles una instrucción adicional. Se corrió la voz de esto, e incluso se congregaron más monjas y monjes para escuchar la clase adicional del Buda de un mes de duración. Y lo que el Buda enseñó aquel mes fue la técnica que él llamó la plena consciencia de la respiración.

Se han escrito libros enteros sobre la meditación de la respiración,[6] pero una versión bastante sencilla suele obrar maravillas durante las jornadas complicadas en el trabajo. Empezamos respirando profundamente dondequiera que estemos. Tratamos de sentir que el aire entra por nuestra nariz o nuestra boca y experimentamos que llena nuestros pulmones. Sentimos cómo nuestro pecho se eleva y luego cae. Sentimos que el aire regresa al gran mundo.

Eso es todo lo que tenemos que hacer.

En la mayoría de las ocasiones, tres respiraciones conscientes de este tipo son suficientes para calmarme y me permiten volver a mi trabajo. En un día realmente malo, es posible que tenga que hacerlo varias veces, tal vez incluso cada hora. Por suerte, es bastante fácil. Un minuto o dos es todo lo que se requiere. Incluso podemos configurar una alarma para que nos recuerde, según resulte necesario, que debemos hacerlo a lo largo de la jornada.

Fijémonos en cómo es nuestra respiración «normal» en los días difíciles. A menudo, es breve y entrecortada. Después de algunas respiraciones atentas, nuestra respiración debería volver a ser un poco más relajada, y todo nuestro cuerpo comenzar a tranquilizarse.

La consciencia de la respiración aporta –según el Buda– «grandes frutos y enormes beneficios».[7] No puedo prometer que el mero hecho de respirar transforme un mal día de trabajo en un completo nirvana, pero puedo asegurar que nos será de mucha ayuda. Podemos tratar de convertirlo en parte de nuestra rutina de todos los días, ya sean estos buenos o malos. Sin embargo, en nuestros días malos, es especialmente importante recordar la respiración.

Parte III:
Obstáculos

16. Apego y desapego

Como ya hemos señalado, la mayoría de los sermones del Buda fueron recordados por un solo hombre: su discípulo próximo, Ananda, el cual poseía considerables poderes de memorización y recitó la gran mayoría de las enseñanzas conocidas del Buda a los otros 499 discípulos iluminados que se habían reunido en el Primer Consejo posterior a su muerte.

Pero resulta que Ananda se perdió algunas cosas. Entre los otros grandes discípulos del Buda también se encontraba una mujer llamada Khujjuttara, que trabajaba como esclava de palacio para una de las muchas familias reales de la antigua India. En cierta ocasión, mientras hacía recados en la aldea local, escuchó al Buda y se convirtió en una discípula devota. Ella regresaba para escucharle predicar tan a menudo como podía y luego repetía sus enseñanzas a la reina y a otras mujeres de la corte. Sus relatos de las enseñanzas siempre comenzaban con la misma frase: «Así lo he oído».[1]

Khujjuttara finalmente sobrevivió a su reina y experimentó la iluminación ella misma. Cuando se compilaron las escrituras budistas, sus recuerdos se añadieron a los de

Ananda en un libro separado, titulado *Itivuttaka*, la palabra
pali que traduce esa frase tan repetida: *Así lo he oído.*

Entonces, ¿qué es exactamente lo que Khujjuttara
recordaba? ¿Qué había dicho el Buda en aquella aldea?
Aunque el *Itivuttaka* cubre muchos temas, una de mis
líneas favoritas es muy sencilla. Al describir los factores
más relevantes en el camino hacia el despertar, el Buda
explicó lo siguiente: «No percibo otro factor tan útil como
la buena amistad».[2] Dicho en otras palabras, incluso el
despertar es más fácil si tenemos amigos.

Dos de mis mejores amigos de la actualidad los conocí
en mi primer trabajo a tiempo completo durante un ve-
rano en la universidad, y también he encontrado a otros
amigos muy queridos en mis trabajos durante las décadas
siguientes. Por otro lado, muchas de las amistades que
forjé en diferentes trabajos a lo largo de los años no han
sobrevivido a las inevitables transiciones de compañía a
compañía, o incluso de equipo a equipo dentro del mismo
edificio. Y, para empezar, no todas las relaciones laborales
son positivas. Las temidas «intrigas de oficina» persiguen
a muchas empresas. En ocasiones, he dejado un trabajo
albergando un resentimiento persistente hacia algunos de
mis antiguos compañeros, aunque ahora me resulte difícil
recordar exactamente qué es lo que me molestaba. Este
proceso continuo de relaciones buenas y malas, que se
forjan y se desvanecen, se entreteje en el tejido de la vida
laboral moderna.

Muchos de nosotros pasamos largas horas en nuestros
trabajos, rodeados de otras personas, y es natural esta-

blecer relaciones estrechas. Para la mayoría, los lazos personales que forjamos en el entorno laboral son los que dan sentido a nuestro trabajo. No necesito que me gusten *todas* las personas, pero si no me gusta *nadie* en un nuevo trabajo, es poco probable que dure mucho tiempo. Y no me ocurre a mí solo: los estudios sobre la amistad en el entorno laboral ponen de manifiesto que tener amigos en el trabajo reduce significativamente la rotación de los empleados.[3] Nuestros colegas a menudo nos vinculan tanto al trabajo como a nuestro salario.

Estas amistades en el entorno laboral no solo hacen que el trabajo sea más ameno, sino que, tal como enseñase el Buda, son una fuente importante de apoyo. Un estudio reciente ha puesto de manifiesto que «las relaciones laborales positivas son estimulantes, tanto física como emocionalmente»,[4] impactando no solo en nuestra productividad, sino también en nuestra salud física. Casi todo en el trabajo es mejor si nos gusta la gente que hay en él.

No todos tratan a sus amigos del trabajo de la misma manera. Mujeres y hombres, por ejemplo, parecen aprovechar las amistades en el lugar de trabajo de modo algo diferente. En un estudio realizado en Nueva Zelanda, las mujeres parecen obtener «más apoyo emocional y social de sus amigos», mientras que los hombres tratan a sus amistades laborales como relaciones más «funcionales».[5] Pero, por lo general, los empleados de ambos géneros consideran que las amistades son importantes.

Sin embargo, las amistades en el lugar de trabajo

presentan algunas desventajas; tal vez la más obvia sea la simple distracción. Casi por definición, una amistad laboral va más allá de las exigencias prácticas de nuestro trabajo, y hay momentos en los que la carga de apoyar a un amigo agota de manera significativa nuestra concentración.[6] Es muy probable que todos hayamos vivido la experiencia de un amigo que quiere desahogarse sobre una crisis en una relación o un problema familiar, cuando lo que queremos realmente es cumplir nuestra próxima fecha límite.

Las amistades de los empleados pueden asimismo ser excluyentes y crear barreras para otros empleados. Las temidas «redes de antiguos amigos», que son palpables en muchas empresas e industrias, son la manifestación más célebre de este lado oscuro de la camaradería en el trabajo.[7] Y, si bien las relaciones laborales positivas aportan gran alegría y satisfacción, las relaciones negativas con los compañeros de trabajo a menudo producen el efecto contrario. Cierto equipo de investigación descubrió que «las relaciones laborales corrosivas son como agujeros negros que agotan los recursos psicológicos».[8]

Al igual que ocurre con buena parte de lo que exponemos en este libro, la clave consiste en prestar atención y adoptar decisiones conscientes. Debemos forjar relaciones laborales que nos brinden apoyo y nutran estas amistades. Tenemos que darnos cuenta de las relaciones que nos resultan tóxicas y hacer todo lo que esté en nuestra mano para alejarnos de ellas. Si nuestros amigos del entorno laboral son una gran parte de lo que nos mantiene en el trabajo, tenemos que asegurarnos de que sean amistades sanas. Y no olvidemos que establecer vínculos con nuevos colegas es algo inevitable en la mayoría de las carreras profesionales.

Ningún debate sobre el trabajo y las relaciones sería completo sin mencionar al menos el tema de las relaciones *románticas*. Conozco a muchas parejas felices que se conocieron en el trabajo, pero salir con colegas, por decirlo de algún modo, es muy difícil. Cuando se mantiene una discusión con una pareja a la que se ha conocido *online* o en un entorno puramente social, por lo general existe la opción de no volver a verla ni saber de ella. Pero, cuando esto sucede en el trabajo, es posible que sigan encontrándose todos los días. Quizás tengan que trabajar juntos en un proyecto o en un determinado turno. Uno de ellos podría terminar, en el futuro, siendo el supervisor del otro. No necesariamente se llega a cortar el contacto, sin importar lo mal que se pongan las cosas, y tampoco está en su mano hacerlo, lo cual suele ocasionar serios problemas en un entorno profesional, siendo muy posible que alguien sea trasladado o incluso despedido. Es lamentable, por otro lado, que históricamente sea más probable que las cosas terminen mal para una mujer que para un hombre.[9]

Además de ese riesgo, también existe la larga historia de propuestas románticas indeseadas en el trabajo, principalmente (aunque no exclusivamente) dirigidas a mujeres. Según un estudio realizado por dos investigadores de la Universidad de Cornell, «las mujeres son mucho más propensas que los hombres a informar de que han sido acosadas por alguien en quien no están interesadas».[10] Ese estudio también pone de manifiesto que, con independencia del género, los pretendientes subestiman *en gran medida* lo difícil que es para la otra parte decir que no. Las dinámicas del entorno laboral son complejas, por lo que una propuesta fácil de rechazar en una fiesta o en un bar parece una carga o una trampa en la oficina. En parte debido a estos *frecuentes* malentendidos, los investigadores constatan que «la línea entre el noviazgo romántico y el acoso sexual no siempre está clara».[11] Y no querremos encontrarnos en el lado equivocado de dicha línea.

Así pues, si sentimos que debemos efectuar propuestas románticas a un determinado colega, por favor, vayamos con sumo cuidado. Preguntemos *una vez* y tengamos *muy* claro lo que le estamos pidiendo. Un almuerzo o un café en el lugar de trabajo no es una cita ni un signo de interés romántico. Una sugerencia ambigua de encontrarse fuera del entorno laboral para discutir un proyecto o un problema relacionado con el trabajo tampoco le hará ningún bien a nadie. Si tenemos que invitar a salir a una persona con la que trabajamos, solo tenemos que invitarla a salir, sin ninguna otra condición que afecte al entorno laboral.

La regla más importante es la siguiente: debemos aceptar un no por respuesta. Si bien esto es más fácil de decir que de hacer, no hay lugar para la insistencia romántica en el trabajo. Para evitar dudas, debemos tomar como una negativa cualquier otra cosa que no sea un sí rotundo. Recordemos que es difícil decirle no a un colega, probablemente mucho más difícil de lo que pensamos. Y, por favor, no debemos obligar a nadie a negarse dos veces. Si, hasta ahora, hemos seguido este consejo, habremos dejado claro nuestro interés. Si un día nuestro colega cambia de opinión y se da cuenta de lo perfectos que somos el uno para el otro, no cabe duda de que nos lo hará saber.*

En el entorno laboral, es mucho más seguro cultivar las amistades que los romances y, según el Buda, más satisfactorio a largo plazo. En una de las prédicas que Ananda *recordaba*, este le señaló al Buda que la mitad de la vida santa se reducía a «la buena amistad, el buen compañerismo, la buena camaradería».[12]

«No es así, Ananda –respondió el Buda–. Eso no es completamente cierto. Es la *totalidad* de la vida santa».

---

* Aunque soy consciente de que ese consejo socava la trama de prácticamente todas las comedias románticas en el lugar de trabajo, debemos seguirlo de todos modos.

17. Equilibrarse mejor que el Buda

Según los estándares modernos, al Buda le fue incluso peor en las relaciones y la crianza de los hijos que en el mantenimiento de un trabajo. Al menos nunca *intentó* trabajar. Pero sí que intentó el matrimonio y la paternidad, y fracasó espectacularmente en ambos, abandonando a su esposa y a su hijo pequeño para proseguir su búsqueda espiritual.

El Buda evitó la cuestión actual de lo que se suele llamar «equilibrio entre el trabajo y la vida privada», renunciando tanto al trabajo como a la vida familiar. Y lo hizo por una razón muy sencilla: sentía que era más fácil. Tal vez creamos que la vida monástica parece difícil, pero para el Buda era más simple que tratar de hacer malabares con tantas demandas absurdas. Como resume un erudito, el Buda entendió «las dificultades que cualquier persona inmersa en las preocupaciones cotidianas encontraría en el camino del progreso interior».[1] Y, como señaló el mismo Buda, «la vida hogareña es confinamiento», mientras que la vida monástica «es como un espacio abierto».[2]

Pero es este un particular en el que animaría al lector

a poner su mirada más alta que la del Buda. Podemos hacerlo mejor.

Desde el principio del budismo, no todos se sintieron dispuestos o capaces de seguir el ejemplo del Buda en este sentido. Muchas de las madres, padres, maridos y esposas a los que enseñó no tenían la intención de abandonar a sus familias de la misma manera en que él lo hizo. Para ellos, como para la mayoría de nosotros, encontrar un equilibrio aparente era una necesidad. La renuncia no era una opción.

Equilibrar el tiempo entre el trabajo y la vida familiar no es fácil e implica asumir decisiones complejas. Según mi experiencia, la única manera de hacer que funcione es aceptar ambas opciones, tal vez incluso abrazarlas, en lugar de tratar de evitarlas como hizo el Buda.

No me gusta contextualizar lo anterior como encontrar un «equilibrio entre el trabajo y la vida privada», porque sugiere una dicotomía entre ambas parcelas que, de hecho, no existe. El trabajo es parte de la vida y la vida posee numerosos aspectos que han de ser equilibrados. Además de nuestra carrera y nuestra vida personal, hay sueño y vigilia, actividad y descanso, amigos y familia, conexión social y soledad. Equilibrar el tiempo que pasamos dentro y fuera del trabajo es solo una de las muchas compensaciones que tenemos que hacer, y no tiene por qué ser la más difícil ni la más importante.

Estas compensaciones tal vez no sean sencillas porque la vida es breve y la manera en que invertimos nuestro tiempo supone una gran diferencia. En la universidad, mi amigo Bill y yo nos interesamos por el Go, un juego de mesa un poco parecido al ajedrez que se desarrolló en China y se extendió a Corea y Japón. Ambos compramos libros sobre el tema y jugamos unas cuantas partidas juntos, pero Bill no tardó en tomarse el juego muy en serio. Encontró a un jugador profesional en la ciudad y comenzó a tomar clases semanales. Participó en torneos e incluso viajó a Japón para estudiar el juego. Yo, por mi parte, no hice ninguna de esas cosas. En la actualidad, Bill probablemente juega más partidas en una semana de las que yo he jugado en mi vida. Y ahora, 30 años después de que ambos descubriésemos el juego, Bill se está acercando al nivel de maestro, mientras que yo sigo siendo un novato. No sé si Bill es un jugador de Go con más talento natural que yo –no lo parecía cuando empezamos–, pero le dedicó *mucho* más tiempo y eso marcó la diferencia.

Gran parte del reto consistente en equilibrar el trabajo y la vida familiar es que nuestra carrera es muy parecida al aprendizaje del Go. Lo lejos que lleguemos será, al menos hasta cierto punto, el resultado de cuántas horas hayamos invertido. A veces hay un rendimiento decreciente (más sobre este particular muy pronto), pero a menudo se derivan costes reales de invertir menos tiempo trabajando y más tiempo haciendo otras cosas, incluyendo la crianza de una familia.

He disfrutado de un trabajo y de una familia durante la mayor parte de mi vida adulta. Cuando mis hijas eran bebés, hacía el primer turno con ellas cada mañana. Esto significaba que me levantaba tan temprano como a las 4:00, siete días a la semana. Una vez alimentadas y vestidas, a veces las llevaba a una tienda de bagels del vecindario para mantener la casa en silencio, y sabía cuál abría a las 6:00, cuál a las 6:30 y cuál a las 7:00. Este ritmo tuvo un impacto evidente en mi trabajo. Dejé de trabajar en casa, sobre todo porque no podía hacerlo cuando estaba en ella. Mi vida allí necesitaba toda mi atención. Nunca trabajaba hasta tarde por la noche porque estaba demasiado cansado después de un día tan largo. Cuando mis hijas crecieron y empezaron a ir a la escuela, las dejaba todas las mañanas a las 9:00 antes de ir a trabajar y volvía a casa a las 6:00 para cenar con la familia. Me desviaba de ese horario si tenía que salir de la ciudad, pero eso era todo. Esto también afectaba a mi trabajo. Si alguien quería programar una reunión a las 8:30 de la mañana, o incluso a las 5:30 de la tarde, me negaba cortésmente. Me sorprendería si hice más de 10 excepciones a esa regla en 10 años. Y, si había una obra de teatro en la escuela o una fiesta de cumpleaños en el aula a mitad del día, también dejaba mi trabajo por eso.

Cuando miro atrás, veo que estas limitaciones autoimpuestas en mi vida profesional tuvieron un coste real. Como ya he mencionado, lo mucho que conseguimos en el trabajo depende, en buena medida, de cuántas horas le dedicamos, y yo le dedico menos horas que otras personas de mi entorno. Algunas de las reuniones que me perdí eran importantes, y mis ausencias tuvieron consecuencias. Pero, al final, pude compensarlo de otras maneras, y no tengo ninguna queja real de cómo ha progresado mi carrera. Si bien estoy seguro de que cometí muchos errores en el camino, en general las compensaciones que hice funcionaron en mi caso. Creo que, probablemente, no soy tan exitoso en términos materiales como podría haber sido si hubiera pasado más tiempo en la oficina, pero siento que he tenido bastante éxito.

Ahora mis hijas son adolescentes, y una se ha marchado de casa a la universidad. No necesitan –y ciertamente no la desean– tanta atención como antes, lo cual me deja más tiempo para hacer otras cosas por las tardes y los fines de semana, incluyendo proyectos personales (¡como este libro!), pero también, en ocasiones, distintas tareas laborales. En estos días encuentro que mis viernes son menos estresantes cuando sé que puedo ponerme al día durante el sábado o el domingo. Y tengo más tiempo para pensar el fin de semana que si trato de enviar un último correo electrónico entre reuniones o antes de volver a casa, lo cual me es de gran ayuda. Es más fácil para mí llegar temprano a la oficina ahora o también quedarme hasta tarde. En general, soy mucho más flexible sobre el momento y el lugar en los que trabajo que cuando mis hijas eran más pequeñas, y esto probablemente ha contribuido a acelerar mi carrera en los últimos años.

Estos problemas muchas veces se presentan como si afectasen principalmente a las mujeres, y en especial a las madres, pero no he constatado que eso sea completamente cierto. Las investigaciones recientes respaldan mi experiencia. La profesora Erin Reid, de la Facultad de Administración de la Universidad de Boston, ha puesto de relieve que «los problemas con las demandas de dedicación laboral no son solo un asunto de las madres ni de las mujeres», puesto que, de hecho, la mayoría de los trabajadores experimentan este tipo de conflicto.[3] Todos sabemos en cierto modo que hay más cosas en la vida que el mero trabajo, y todas las personas que conozco luchan por encontrar el equilibrio adecuado.

No existen las respuestas simples. Los momentos en los que personalmente he sido más feliz con dicho equilibrio fueron cuando amaba mi vida laboral y también mi vida familiar y no me cansaba de ninguna. Y las ocasiones en las que estaba menos satisfecho eran cuando una u otra no marchaban particularmente bien. Estoy bastante seguro de que las decisiones que he tomado en el presente o en el pasado no serían exactamente las correctas para otras personas. Y me imagino que mi propio equilibrio seguirá evolucionando en los años venideros.

Como hemos explicado en el capítulo sobre los descansos, trabajar sin descanso ni siquiera es bueno para nuestra actividad. Nuestro cuerpo y nuestra mente son como baterías que se agotan durante la jornada laboral.[4] Tenemos que desapegarnos para recuperarnos y hacer mejor nuestro trabajo al día siguiente. Tal como ha puesto de relieve cierto estudio, «seguir pensando en el trabajo cuando estamos en casa tiene el claro inconveniente» de que dificulta nuestra recuperación del estrés laboral.[5]

Trabajar cada vez más horas al día también provoca una disminución de los beneficios e incluso es perjudicial tanto para la productividad como para nuestra salud. En cierta ocasión, al principio de mi carrera, trabajé durante 40 horas sin parar con la idea de prepararme para una importante exposición profesional y me desmayé. Esto no es bueno para nadie. Sin embargo, dentro de lo razonable, trabajar más puede significar conseguir más, y esos logros suelen verse recompensados.

Mi consejo es adoptar decisiones conscientes. La probabilidad de que obtengamos el equilibrio perfecto tal vez sea baja, pero la probabilidad de que tropecemos con él por pura casualidad es cero. También me ha resultado útil prestar atención a las decisiones que toman las personas que me rodean, no para juzgarlas, sino para preguntarme qué me aportarían esas decisiones en mi caso. He aprendido del ejemplo de otros, y todavía lo sigo haciendo. Veo que, al margen del trabajo, muchas personas exitosas tienen vidas profundas y satisfactorias, llenas de intereses, experiencias y relaciones en las que invierten mucho y disfrutan mucho. Eso es alentador para mí, y espero que también para los lectores.

El sano equilibrio parece más fácil si, al margen del trabajo, nos hallamos suficientemente satisfechos con el resto de nuestras opciones vitales. Si nos gusta lo que hacemos en el entorno laboral y también nos agrada el tiempo que pasamos en casa, entonces, querremos conseguir este equilibrio y nuestros incentivos estarán alineados por completo. Sin embargo, si somos infelices y envidiamos el tiempo que pasamos en un lado o en el otro, es mucho más difícil pensar con claridad en las compensaciones. En lugar de establecer una separación precisa como es debido, a veces me ha resultado más fácil concentrarme en ser lo más feliz posible en ambos lugares.

También debemos recordar que buscar y encontrar este equilibrio es tanto una bendición como un privilegio. Durante buena parte de la historia de la humanidad, el trabajo era una cuestión de subsistencia y supervivencia en la que no solíamos tener demasiadas opciones. Esto sigue siendo cierto hoy en día para muchas personas que desempeñan trabajos de nivel básico y de nivel inferior.[6] Si somos capaces de ejercer control sobre cuándo y cuánto trabajamos, ya somos alguien muy afortunado.

Si bien la cantidad de tiempo que dediquemos a las diversas actividades que nos interesan en la vida nunca será una elección sencilla, debemos intentar que sea *nuestra* elección. Tenemos que decidir lo que es importante para nosotros y dedicarnos a ello. Debemos tratar de no permitir que nuestro trabajo –o alguna otra persona– lleve a cabo esa elección por nosotros.

Este consejo se aplica a más ámbitos que el propiamente laboral. Como ya hemos visto en el primer capítulo, el Buda describió muchas bendiciones en la vida, cosas que «aportan bienestar y felicidad a todo el mundo».[7] Entre ellas, se encuentran el aprendizaje permanente, pasar tiempo con los amigos, fundar un hogar, mantener a una familia, ayudar a los demás y, sí, trabajar en una ocupación honesta.

En ocasiones, el reto de equilibrar el tiempo dedicado al trabajo y el dedicado a la familia, en particular, se presenta como una cuestión de equidad. Parece *injusto* que alguien que pasa tiempo criando a una familia tenga menos éxito en el trabajo que la persona que no lo hace. Y no solo parece injusto, sino que en cierto modo lo es. También es injusto que la persona que no dedica tiempo a su familia *no pase tiempo con ella*. Esa persona está perdiéndose incontables experiencias ricas y significativas, y esa familia pierde a alguien que sería una parte vital y apreciada de su vida.

Al final, disponemos de un tiempo limitado en este mundo para perseguir todas nuestras pasiones: no solo el trabajo y la familia, sino también el ejercicio, el sueño, los entretenimientos y otros intereses, así como nuestra práctica espiritual. Es imposible hacerlo todo, ya que siempre que invertimos tiempo en una cosa, dejamos de dedicarlo a otra. Hacer malabarismos con todo ello requiere no solo decisiones deliberadas, sino también compensaciones conscientes. Sin embargo, eso no implica que no podamos hacer mucho y que no encontremos la mezcla resultante satisfactoria y plena. Depende de nosotros hacer que cada momento cuente.

Un texto fundamental de la escuela Soto Zen del budismo, llamado *Sandokai*, o «Fusión de la diferencia y la unidad», termina con esta sencilla exhortación: «No pierdas el tiempo».[8] Y ese es, probablemente, el mejor de los consejos.

18. No somos nuestro trabajo

Para este capítulo, es posible que prefiramos sentarnos porque tengo algunas noticias que quizás sean difíciles de escuchar. Entre las muchas ideas del Buda hay una que puede sonar un poco disparatada.

Nosotros no existimos.

Para ser claros, el Buda no quiso decir que no exista nada. No estaba diciendo que el mundo entero sea un sueño o una ilusión, ni afirmaba que vivamos en *Matrix*, sino que quería señalar algo un poco más sutil que eso.

El cuerpo físico, al que la mayoría de la gente llama el *yo*, no es real. Si una pelota de baloncesto nos golpea en la cabeza, rebotará y no pasará de largo. Es solo que este cuerpo no es realmente *nuestro*, como tampoco lo es ninguna otra cosa. Y, si no hay nada que realmente *nos* pertenezca, entonces tal vez no exista ningún *yo*.

Imaginemos que tenemos un coche y le cambiamos una rueda. Probablemente diremos que sigue siendo nuestro coche. ¿Y si reemplazamos las cuatro ruedas? Es muy posible que todavía sintamos que es nuestro coche. Pero, ¿qué ocurriría si, de la noche a la mañana, alguien reemplazase cada una de las partes de nuestro automóvil con las piezas de otro coche? ¿Qué hace que este coche siga siendo nuestro? ¿No es acaso un coche nuevo estacionado en el mismo espacio?

Pero, si este ya no es mi coche, ¿cuándo ha dejado de serlo? ¿Cuándo se reemplazó la primera pieza? Eso no puede ser cierto, porque entonces tendríamos un coche «distinto» cada vez que cambiásemos el filtro de aceite. ¿Acaso cuando se sustituyó la última pieza? Eso tampoco es correcto, porque en ese caso cualquier coche al que se le instalase la pieza final tendría que ser nuestro. ¿Y si se requiriesen 10 años para reemplazar cada pieza? ¿Cómo podría el coche convertirse mágicamente en el de otra persona durante el último día?

Pero si el coche con piezas nuevas no es nuestro coche, y no podemos señalar ningún momento específico en el que haya dejado de ser nuestro, entonces de entrada nunca debe haber sido realmente nuestro. El concepto de «mi coche» es justamente eso: un concepto, una idea que no es *real* en el sentido más profundo. De hecho, no existe nada esencial que constituya mi coche. Un budista zen diría que el coche está *vacío*, lo que no significa que no tenga pasajeros, sino que no hay nada esencial en él que lo haga nuestro.

Ahora reflexionemos sobre nosotros mismos hace cinco o diez años, o incluso más tiempo si somos lo suficientemente mayores. Tal vez no hayamos reemplazado literalmente ninguna de las partes principales (¡aunque tal vez sí lo hayamos hecho!), pero nuestro cuerpo no es lo que solía ser. Las células individuales han cambiado.

Los mismos átomos que componen la materia física de nuestra carne y huesos se han visto sustituidos por otros átomos. Nuestros pensamientos son diferentes. Los recuerdos son distintos. La personalidad probablemente también sea diferente. Esperemos que hayamos madurado con los años. Tal vez nos hayamos vuelto más pacientes, o quizás menos, eso ocurre en ocasiones. Puede que seamos más felices. Quizás estemos más enfadados. Pero una cosa es cierta: no somos los mismos.

Ahora nos enfrentamos al mismo dilema que con el coche. Si tantas partes de nosotros han cambiado, ¿en qué sentido seguimos siendo *nosotros*? Y, si ya no somos los mismos de antes, tal vez de entrada nunca fuimos del todo *nosotros*.

Esta es la paradoja esencial que el Buda descubrió: que las personas están «vacías» de la misma manera que los coches.[*] Todo en nosotros cambia de continuo. ¿Y cómo podría algo que está sujeto al cambio de esa manera constituir nuestro ser esencial?[1] Pero, si no existe nada inmutable que defina nuestro verdadero yo, tal vez no haya un yo en absoluto.

Así pues, cuando el Buda afirma que no existimos, no quiere decir que nuestro cuerpo o nuestra mente no existan, porque sí que existen. Solo quiere decir que, si los examinamos más detenidamente, no hay nadie en su interior. Y, cada vez que los observemos, veremos algo un poco diferente.

---

[*]   El Buda no sabía de coches, por supuesto. Pero, como predicaba que todas las cosas estaban vacías, también habría incluido los coches.

Ahora traslademos esta afirmación al entorno laboral.
Muchos de nosotros nos sentimos definidos por nuestro
trabajo y por nuestras carreras. Y también definimos a otras
personas de esa manera. Lo primero que preguntamos
cuando nos encontramos con alguien suele ser «¿A qué te
dedicas?». Sin embargo, nuestros trabajos cambian constantemente, como las partes de un coche o las células de
nuestro cuerpo. ¿Alguien está haciendo *realmente* el mismo trabajo que hace diez años, que hace cinco e incluso
que hace un año? ¿Cómo podría? El mundo cambia muy
rápido. Los clientes cambian. Los competidores cambian.
La tecnología cambia. Las leyes y los reglamentos cambian. Compañías enteras, industrias enteras, van y vienen.
¿Hay *algo* que permanezca idéntico?

La respuesta honesta a la pregunta «¿qué haces?»
sería diferente cada año, tal vez cada día. Sin embargo,
¿cómo es posible que nos defina algo que cambia con
tanta frecuencia?

Tal vez no aceptamos del todo la enseñanza del Buda
de que no existe ningún *yo*. Está bien, es un concepto extraño y difícil, por supuesto. Pero incluso si estamos seguros
de que hay un *yo* esencial que permanezca constante
a través de todos los cambios inevitables –todos esos
trueques de partes–, tal vez no tenga nada que ver con
nuestro trabajo. Podemos perder nuestro trabajo mañana
o renunciar a él. Nuestra compañía puede arruinarse o
nuestro jefe volverse loco. ¡Estas cosas ocurren! Me han
pasado a mí. Si lo que sea que constituye el *yo* sobrevive
años y años a todos los cambios físicos y mentales, no

depende posiblemente de quién emita el cheque para pagarnos.

Nosotros no somos nuestro trabajo. Seamos lo que seamos, definitivamente no somos eso.

Y si no somos nuestro trabajo, entonces nuestros colegas tampoco son *su* trabajo. Esto es importante tenerlo en cuenta cuando nos descubramos discutiendo en el entorno laboral. En este momento, este compañero nos parece un obstáculo para hacer lo que quiera que pretendamos hacer; pero por muy frustrante o incompetente que nos resulte en ese momento, no es él mismo. Él no se define por su trabajo más de lo que lo hacemos nosotros.

Esto es parte de la razón por la que nunca debemos permitir que las disputas laborales se conviertan en algo personal.* Cada compañero es una persona tan completa como nosotros. Incluso si nos conocemos bastante bien, probablemente no tengamos ni idea de lo que realmente ocurre en su interior en ese momento. La persona que está al otro lado de la discusión puede haber perdido a un amante o un amigo; puede estar cuidando a un niño enfermo, a un padre o una madre, o tal vez se olvidó de hacer un descanso para comer. Sea lo que sea que le ocurra, podemos estar seguros de que hay más de lo que vemos. Su vida es tan complicada y desordenada como la nuestra, y el entorno laboral es tan solo una pequeña pieza de ese inmenso tapiz.

---

* Otra razón es que no funciona demasiado bien. Es mucho más probable que la gente transija cuando criticamos sus ideas que si criticamos lo que son.

Si permitimos que el trabajo nos defina, invitamos a todo tipo de sufrimientos y, cuando las cosas van mal, nos abrimos a innumerables desengaños. Empezamos a aferrarnos demasiado a nuestro trabajo, viviendo con el temor a soltarlo. El Buda enseñó que las raíces del sufrimiento no son solo cosas obvias como la codicia y el odio, sino también delirios; y la ilusión de que *somos* lo que *hacemos* es especialmente peligrosa.

Si no somos nuestro trabajo, ¿qué ocurre con todas nuestras otras identidades?

Los budistas han bregado con esta pregunta durante mucho tiempo y todavía lo hacen. Como ha escrito la maestra zen Angel Kyodo Williams, la proclamación del Buda de que «todo ser humano, con independencia de su casta, raza, credo o nacimiento, porta dentro de sí el potencial del despertar» sigue siendo un rasgo distintivo verdaderamente radical.[2] El despertar es en muchos sentidos el campo de juego más equilibrado. Sin embargo, nuestra unidad inherente, nuestra comunidad humana básica, no borra nuestras diferencias. Cada uno de nosotros lleva a su trabajo una historia única de sufrimiento que para muchos está ligada a las categorías de raza, sexualidad y género. La maestra Zenju Earthlyn Manuel explica que «unidad» no significa «igualdad».[3] El hecho de que todos los coches estén vacíos no hace que un Honda sea lo mismo que un Ford; y nosotros también somos diferentes.

El entorno laboral nunca ha sido igualmente accesible para todos, y por su parte la *sangha* budista ha luchado por ser verdaderamente inclusiva. La vacuidad del yo no cambia esta amarga verdad. Sin embargo, el darse cuenta de que no somos nuestros empleos puede crear un espacio para que florezcan nuestras otras identidades. Nos ayuda a ver a aquellos que trabajan con nosotros como lo que realmente son y nos permite reconocer y abordar todas las dimensiones del sufrimiento humano. Si pertenecemos a un grupo históricamente marginado, nuestro trabajo no reemplazará esa identidad, sino que la llevaremos con nosotros y tendremos tanto derecho a desempeñar nuestro trabajo como cualquier otra persona. Si, en cambio, somos uno de los privilegiados de la historia, tenemos que comprometernos a apreciar a nuestros colegas en la plena encarnación de su ser y darles la bienvenida. Este es el corazón del mensaje radical del Buda: todas las cosas son posibles con independencia de nuestra forma.

19. Relacionarse con las distracciones

El mundo es un lugar plagado de distracciones. Y, aunque ciertamente se ha vuelto cada vez más –y de muchas maneras– un lugar de distracción, este no es un problema nuevo. Como escribe el autor de superventas Alex Pang, en su libro magistral *La adicción a la distracción*: «Los seres humanos siempre hemos tenido que lidiar con la distracción y la falta de concentración, cultivando durante miles de años técnicas que las abordan de manera eficaz».[1]

Permítanme, de entrada, confesarles algo: me distraigo con mucha facilidad. Si me siento en un restaurante con un televisor, no puedo evitar verlo. Si oigo a alguien hablar en la mesa contigua, pierdo la noción de mi propia conversación. Si cojo el teléfono para comprobar la hora, es posible que no lo deje en un plazo de 10 minutos.

En otras palabras, centrarme no me resulta sencillo y tengo que esforzarme para ello. Hace años, solía llevar mi ordenador portátil conmigo a las reuniones, creyendo que era muy eficiente al revisar el correo electrónico durante las partes más tediosas. Entonces me di cuenta de que no prestaba atención a la gente que me rodeaba, a veces olvidándome incluso de levantarme cuando la reunión había terminado. Ahora dejo el ordenador en mi escritorio y trato de mantener el teléfono en mi bolsillo.

Los teléfonos inteligentes son, por supuesto, una gran fuente de distracción. Los estudios demuestran que su uso «aumenta el tiempo de reacción, reduce la concentración y disminuye el rendimiento» de cualquier actividad que requiera concentración.[2] Por esta razón, según cierta estimación, la distracción ocasionada por los teléfonos móviles contribuye en el presente a casi una cuarta parte de los accidentes de tráfico.[3]

El problema es que somos mucho peores en la multitarea de lo que pensamos. No importa lo que nos digamos al respecto, «solo podemos prestar atención a una cantidad limitada de información en un momento dado».[4] Creemos que estamos haciendo malabarismos de forma experta con media docena de tareas a la vez, pero en realidad solo estamos cambiando de una tarea a otra de forma muy poco eficaz, interrumpiendo repetidamente nuestra concentración.

El Buda concedía gran valor a la concentración, y buena parte de su enseñanza sobre la meditación describe el modo de acceder a estados de concentración, cada vez más profundos, que él denominaba «absorciones».[5] Sin embargo, no hace falta ser un contemplativo o un yogui ejemplar para entender su valor. Todos hemos tenido la experiencia de absorbernos completamente en alguna actividad. En la psicología popular, dicha absorción completa suele denominarse «flujo», definiéndose como el «estado subjetivo que las personas reportan cuando están completamente implicadas en una actividad, hasta el punto de olvidarse del tiempo, la fatiga y todo lo demás, excepto de la misma actividad».[6] Pero, si bien puede ser una experiencia estimulante, así como extremadamente productiva, también es muy frágil.

La distracción es el enemigo del flujo. El mero sonido de un teléfono móvil –no el nuestro, sino el de otra persona– es suficiente para interrumpir la concentración de manera cuantificable. En cierto estudio, los alumnos de las aulas cuya clase se vio interrumpida por el sonido de un teléfono se desempeñaron peor en un examen sorpresa que los que escucharon la misma clase sin interrupción.[7]

La multitarea es, sobre todo, una forma de distracción intencional. Cambiar entre múltiples tareas interrumpe nuestra memoria de trabajo, un efecto que solo empeora a medida que envejecemos.[8] En un estudio efectuado en Canadá, los estudiantes que utilizaban un ordenador portátil durante una conferencia obtuvieron una puntuación más baja en una prueba posterior, lo que tal vez no sea una gran sorpresa. Pero es que incluso los estudiantes sin ordenador portátil que se sentaban junto a los que estaban distraídos por sus pantallas, también obtuvieron una puntuación un 17% más baja.[9] Como señaló el gran monje budista indio Santideva, una mente distraída «no es apta para ningún trabajo».[10]

¿Qué hacer con todas estas distracciones? La meditación ayuda. Se tiende a pensar que el objetivo de la meditación es aclarar nuestra mente y calmarnos, pero

esa no es toda la historia. La meditación trata realmente
de lo que sucede cuando dejamos de meditar. Gran
parte de la razón por la que practicamos el mindfulness
en una sala tranquila y alejada de las distracciones es
para aprovechar esa habilidad cuando nos hallamos
en una oficina ruidosa rodeados de compañeros de
trabajo que parlotean. Depositar toda nuestra atención
en la respiración durante la meditación fortalece nuestra
capacidad de concentración en la vida cotidiana, de
la misma manera que levantar pesas en el gimnasio
fortalece nuestra musculatura y nos permite levantar cosas
pesadas en otros contextos.

Tambien nos facilita las cosas, reduciendo las distracciones innecesarias siempre que sea posible. Dejemos
el teléfono, preferiblemente en un lugar donde no lo
veamos. Programemos nuestro tiempo para revisar el
correo electrónico o Twitter de manera que no estemos
haciendo clic ahí constantemente. Cerremos las venta-
nas superfluas del equipo e incluso desconectémoslo de
la red. Existen aplicaciones que rastrearán nuestro tiempo
online y que incluso nos expulsarán de la red durante
ciertas horas: probémoslas si es necesario. Tal vez tengamos que dejar nuestro escritorio si la gente es propensa
a interrumpirnos allí. Pasemos un periodo prolongado
–una hora o más– desconectados y concentrados en
una tarea específica.

Los que trabajan en casa se enfrentan a retos especiales
de distracción porque toda su vida les rodea mientras
intentan trabajar. Si nos es posible, creemos un espacio que

sea solo para trabajar, aunque tengamos que instalarlo y desmontarlo todos los días. Si trabajamos en la mesa de la cocina, trabajemos *solo* ahí: sentémonos en otro lugar para almorzar, de modo que no caigamos en la tentación de trabajar y comer al mismo tiempo. (¡Más sobre este particular en el siguiente capítulo!). Tratemos de mantener separadas las tareas de nuestro trabajo y las tareas del hogar, y dediquemos un periodo específico para cada una. Cuando llegue el momento de empezar a trabajar, dejemos de lavar los platos o de ordenar la sala de estar, tal como lo haríamos si tuviésemos que salir a toda prisa por la puerta. Si tenemos a otras personas en casa mientras trabajamos –especialmente niños–, es aún más importante que tratemos de crear un espacio separado para nosotros, y por supuesto aún más difícil. Debemos ser honestos con nosotros mismos acerca de lo que podemos lograr y no torturarnos tratando de hacer muchas cosas a la vez cuando nuestra vida familiar exija una mayor atención.

Existe algo así como una buena multitarea.[11] Debido a que no podemos cerrar nuestros oídos de la misma manera en que cerramos los ojos, el cerebro parece haber evolucionado para tratar las distracciones sonoras de manera distinta a las distracciones visuales. Por eso, a muchas personas les resulta más fácil trabajar con música, por ejemplo. (Mi hija solía decir que estudiaba mejor con la televisión encendida de fondo, pero en realidad solo la escuchaba, no la veía.) Yo mismo soy incapaz de trabajar con auriculares, pero muchos de mis colegas confían en ellos y los utilizan para escuchar música la mayor parte del día. A menudo me gusta conversar con mis colegas mientras camino, lo que me permite concentrarme mejor en lo que dicen que si estuviéramos sentados solos en una habitación. Por citar una vez más a Alex Pang: «Este tipo de multitarea fomenta el flujo», en lugar de interrumpirlo.[12]

A la postre, tenemos que encontrar patrones que funcionen en nuestro caso. Cuando escribo, me gusta tener todos mis libros esparcidos a mi alrededor, una disposición que parece caótica y que distrae a mucha gente. (Tengo seis libros abiertos al alcance de la mano ahora mismo.) Así es como mejor me concentro. Prefiero trabajar en silencio en la mayoría de las tareas, pero me encanta la música o un buen *podcast* mientras lavo los platos o conduzco. En las reuniones, me esfuerzo tanto como puedo por no coger el teléfono, porque sé que, una vez que empiezo a mirarlo, se me escapa la concentración.

Nuestros patrones de concentración serán diferentes. Aprendamos de ellos. Prestemos atención, cuando la tengamos y cuando no, a nuestra propia atención. Fijémonos en las cosas que estimulan e interrumpen nuestro flujo a lo largo del día. Intentemos no cambiar repetidamente entre tareas.

El moderno maestro zen Shunryu Suzuki dijo en cierta ocasión a sus discípulos estadounidenses: «Tenéis un dicho que es "matar dos pájaros de un tiro", pero nuestra manera es matar solo un pájaro de un tiro».[13] No quiero que matemos ningún pájaro, pero creo que seremos mucho más productivos si nos concentramos en un tiro cada vez.

20. Mendigar la comida

El Buda consideraba que la alimentación es el sustento esencial de la vida,[1] y estoy de acuerdo. Pocas cosas son tan importantes para nuestra salud como qué comemos. He dedicado un libro entero a la alimentación basado en las reglas del Buda para monjas y monjes.[*] Y también son muchas las personas que han escrito sobre comer, la dieta y la nutrición.

Pero, si tuviera que establecer una sola regla para la comida y el trabajo, sería esta: por favor, no comamos en nuestro escritorio.

Lo creamos o no, el Buda estaba mucho más preocupado por *cómo* y *cuándo* comían sus discípulos que por *lo que* comían. Muchos asumen en la actualidad que el Buda era vegetariano, pero eso no es cierto. Su filosofía era básicamente que los mendigos no pueden elegir, de manera que comía lo que los aldeanos locales le ofrecían cada día.

Sin embargo, algo que el Buda no hacía era comer y trabajar al mismo tiempo.

---

[*]   *Buddha's Diet*, escrito con mi amiga Tara Cottrell.

Es lamentable que cada vez sea más raro tomarse un descanso para almorzar en el trabajo. En el año 2016, el *New York Times* estimaba que el 62% de los profesionales estadounidenses almorzaban en sus escritorios.[2] Y no deberíamos ser uno de ellos. Digo esto no porque sea desordenado y antihigiénico, aunque lo sea. Un estudio efectuado en la Universidad de Arizona descubrió el virus de la gripe en el 47% de los ordenadores de sobremesa,[3] más que en la mayoría de los baños. Literalmente, sería mejor que comiéramos en el asiento del inodoro. Estos mismos investigadores descubrieron que los gérmenes de los ordenadores de sobremesa contribuyen en gran medida a la propagación de enfermedades contagiosas.[4] Comer en el escritorio es definitivamente muy tosco, pero no me preocupa tanto la tosquedad. Eso es una decisión personal.

Cuando el Buda ordenaba a sus seguidores que comieran «con la atención centrada en el cuenco»,[5] no era porque estuviera preocupado por la salud, sino porque quería que prestasen atención a lo que comían. Quería que practicásemos la alimentación consciente y no la alimentación inconsciente. Consideraba que las comidas también eran un periodo de meditación.

Tal vez esto nos parezca un lujo inimaginable. Estamos tan condicionados a la multitarea que para algunos la idea de no hacer nada más que comer durante unos minutos suena casi perezosa; pero no lo es. Sabemos que tomar un descanso ocasional nos torna más productivos y no menos. El almuerzo es la oportunidad perfecta para poner esto en práctica.

No es necesario que invirtamos una hora completa para comer, aunque yo trato de hacerlo siempre que me es posible. Treinta minutos es tiempo suficiente para que la mayoría de nosotros comamos una comida sin tener que devorarla, e incluso 20 minutos bastan en caso de apuro. (Por lo general dedico una hora completa de mi agenda diaria para la comida, sabiendo que probablemente terminaré utilizando algo de ese periodo para ponerme al día con otros trabajos, si bien dejando tiempo de sobra para comer tranquilamente.)

Al igual que ocurre con otro tipo de pausas, la clave para tener una comida verdaderamente restauradora radica en asumir nosotros mismos el control del tiempo. Si nos gusta socializar con nuestros compañeros de trabajo, entonces, por supuesto, podemos invitar a alguien a unirse a nosotros. Si el entorno laboral nos resulta agotador –y a mucha gente le sucede–,[6] tenemos que encontrar un lugar tranquilo para comer por nuestra cuenta. Si podemos salir de la oficina, eso es todavía mejor.[7] La única regla es no seguir trabajando mientras comemos.

El Buda no predicaba la comida consciente *solo* porque fuese una herramienta útil de meditación, sino porque también la consideraba beneficiosa para la salud. Hay una historia de un rey con sobrepeso que visitó al Buda tras haber comido literalmente un cubo lleno de arroz y curry, «soplando y resoplando» mientras se acercaba porque estaba rebosante de comida. Tras observarlo, el Buda recitó este versículo:

Cuando un hombre, siempre atento,
conoce la moderación en la comida que ingiere,
sus dolencias disminuyen:
envejece lentamente y cuida de su vida.[8]

El rey quedó tan impresionado con el concepto de comer con atención que contrató a un joven cortesano para que le recitara este versículo antes de cada comida. Y, ciertamente, el hecho de practicar la atención al comer hizo que el rey «adelgazase bastante», según las escrituras. Como resume el moderno monje y erudito Bhikkhu Anālayo: «Como resultado de recordar regularmente la necesidad de permanecer atento mientras comía, el rey superó su tendencia a comer en exceso y, poco a poco, fue perdiendo peso».[9]

No puedo prometer que tomarnos un descanso para comer solucionará el problema de sobrepeso del mundo, pero los estudios modernos han confirmado en repetidas ocasiones que prestar atención es una parte útil de cualquier dieta.[10] Cuando prestamos atención a lo que comemos, tomamos mejores decisiones sobre nuestra comida. Tendemos a comer más sano y a comer menos cantidad.

Este consejo se aplica también a picar. Debemos resistirnos a la tentación de agarrar un puñado de caramelos cuando pasemos por la recepción, o de comer patatas fritas mientras terminamos un informe. Si tenemos hambre entre comidas, está bien comer, pero debemos hacerlo deliberadamente. Dediquemos cinco minutos a sentarnos en algún sitio a comer esas patatas fritas. Pensemos en lo que estamos comiendo. Detengámonos cuando no sintamos más hambre. Comamos para mantener nuestro cuerpo y no para matar el tiempo.

Ya que estamos hablando de comer en el trabajo, también deberíamos mencionar la bebida y, más en concreto, beber alcohol. Beber en el trabajo tiene una larga e ilustre historia, casi toda ella negativa (como cualquier seguidor de la serie televisiva *Mad Men* atestiguará).

Así pues, no es ninguna sorpresa: existen amplias evidencias de que el alcohol contribuye a numerosos problemas en el entorno laboral.[11] Casi todo sobre este particular parece negativo. Beber en el trabajo aboca a una disminución de la productividad, problemas de salud y una mayor incidencia de mala conducta de todo tipo. Un estudio de 14 años de duración, efectuado en Europa, reveló que las personas que beben en exceso tienen un mayor riesgo de perder su puesto de trabajo, tratando de «resolver» con la bebida los problemas en su entorno laboral, pero creando muchos otros problemas tanto para ellos como para la sociedad en general.[12]

El alcohol es un elemento en el que el Buda no parece haber llegado a un punto medio. Simple y llanamente, estaba en contra. Prohibió a sus monjas y monjes beber «licores embriagadores» o entregarse a las drogas recreativas, y también desanimó tajantemente a los laicos. Enumeró seis peligros específicos del consumo de alcohol: «disminución de la riqueza, aumento de las peleas, toda una gama de enfermedades, mala reputación, exhibirse en público y debilitar el intelecto».[13] Casi todos ellos pueden ser también problemas laborales, sobre todo en la fiesta de Navidad de la oficina.*

Mi consejo, si decidimos beber, es mantener nuestra manera de beber y de trabajar tan separadas la una de la otra como nos sea posible. Podemos tomar una copa de vino en algún acto fuera del horario laboral, pero cualquier cosa que supere esa cantidad, y cualquier cosa que bebamos durante la jornada laboral en sí, serán una fuente de problemas. Si nunca hemos tenido un largo periodo de abstinencia en nuestra edad adulta, debemos considerar la posibilidad de intentarlo. Poco a poco dejé de beber a los 30 años y me di cuenta de que era mucho más feliz sin alcohol en mi vida; y también le puede ocurrir al lector.

Lo más importante es no permitir que comer o beber en el trabajo se convierta en una nueva distracción. El almuerzo es la oportunidad perfecta para tomarnos un descanso, recargar las pilas físicas y mentales y practicar el mindfulness, aunque solo sea durante unos minutos. No permitamos que se nos escape esa oportunidad engullendo un sándwich o una ensalada mientras intentamos hacer una docena de cosas más.

---

*   En serio, «exhibirse en público» es algo que realmente sucede y no es nada elegante.

21. ¿A quién despediría el Buda?

Son muchas las personas que, en el lugar de trabajo moderno, llegarán a ser algún día directores o supervisores de una forma u otra. Según datos del Bureau of Labor Statistics, casi el 12% de los trabajadores de los Estados Unidos ocupaban «puestos administrativos» en el año 2017.[1] Para poner un ejemplo, eso es considerablemente más que todos los proveedores de servicios de salud –médicos, dentistas, enfermeras y otros similares– combinados. Es una cantidad mayor de gente que la que trabaja en el servicio de comidas o en las cadenas de producción de las fábricas. Quizás no sea tan extraño que el porcentaje se incremente a medida que envejecemos y acumulamos más experiencia: más del 14% en lo que concierne a los trabajadores mayores de 45 años. Y los números no hacen sino aumentar. Las tareas administrativas son uno de los campos más grandes y de más rápido crecimiento de la economía moderna.

El Buda no era un jefe. Nunca contrató ni despidió a nadie. Así que, seamos nuevos supervisores o ejecutivos experimentados, el Buda puede no parecernos un referente obvio para los consejos de administración. Sin embargo, creó la *sangha* budista, una comunidad de monjas y monjes que vivían ateniéndose a ciertas reglas, y hay algunas lecciones interesantes para cualquiera que en la actualidad se ocupe de la gestión.

No está del todo claro cuáles eran las reglas en la época del Buda, pero para cuando fueron completamente codificadas y escritas, había *muchas* de ellas: 227 para los monjes y 311 para las monjas.* Cuando hablamos de estas reglas hoy en día, es común referirse a lo que está permitido y lo que está prohibido. Podríamos decir que los monjes no debían mentir, robar ni comer después del mediodía.** Y, aunque eso es verdadero en cierto sentido, tampoco es del todo exacto. *Prohibir* algo implica cierta autoridad. Los padres prohíben a sus hijos que coman demasiados dulces, o que se queden despiertos hasta muy tarde, y eso es algo que hacen porque están *a cargo* de esos niños (más o menos). El Buda no reclamó para sí ese tipo de autoridad. No era un rey, o un maestro cuya palabra fuese la ley, sino una persona que tan solo explicaba cómo funcionaba el mundo.

Lo que el Buda dijo fue que ciertas acciones tienen cier-

---

* Las diferentes escuelas modernas de monjes budistas observan reglas algo distintas, pero todas las sectas «tradicionales» (usualmente llamadas Theravada) tienen más reglas para las mujeres que para los hombres. Algunos afirman que esto era necesario en la época del Buda para que las mujeres fuesen aceptadas, porque la plena igualdad de género era algo impensable. En numerosas escuelas budistas modernas, mujeres y hombres observan las mismas reglas y son tratados como iguales. El Centro Zen de San Francisco, por ejemplo, ha tenido a varias mujeres como abadesas durante los últimos años.

** El libro que escribí sobre alimentación y salud, *The Buddha's Diet*, surgió a partir de una investigación sobre esta regla tan extraña.

tas consecuencias. Este es el principio del «karma», o ley de causa y efecto. En su mente, gran parte de este particular se refiere a una ley natural. Si dejamos caer una pelota, esta cae al suelo; y cae, creamos o no en ello. La gravedad no requiere que se acepte la autoridad de nadie, sino que ejerce su fuerza por igual sobre creyentes y no creyentes. De manera similar, el Buda consideraba que el karma es un reflejo de las consecuencias naturales de las acciones y reacciones. Como explica el Buda: «Habla y actúa con una mente corrupta, y el sufrimiento seguirá, como la rueda de la carreta sigue a la pezuña de un buey».[2]

Las reglas monásticas son una extensión de este principio. Para las monjas y monjes, determinadas acciones tienen ciertas consecuencias que podrían no aplicarse a los laicos. A causa de las infracciones más graves, una monja o un monje es expulsado de la *sangha*. Como la *sangha* original era célibe, el sexo entraba en esta categoría: si uno rompía su voto de celibato, decidía dejar la *sangha*. Pero solo hay un puñado de estas prohibiciones absolutas entre varios cientos de reglas. (Mi favorita es la regla contra la reivindicación de poderes sobrenaturales.) Las consecuencias por violar el resto de las más de 200 reglas varían desde una especie de periodo de «libertad condicional» hasta una simple confesión pública.

Toda la *sangha* se reunía regularmente y recitaba las reglas y confesaba cualquier error. Así pues, todos conocían el resultado. No había ninguna excusa como «¿por qué nadie me avisó de que no podía reclamar poderes sobrenaturales?». Incluso hoy en día, en los monasterios tradicionales, las reglas se establecen claramente desde el principio y se repiten a menudo.

Contrasta esto con la mayoría de los lugares de trabajo. Quizás exista un manual oficial de empleados, pero apuesto a que nadie lo lee; y por lo general no es muy específico. Las reglas suelen ser bastante imprecisas, y las consecuencias de romperlas son, en el mejor de los casos, vagas. «Medidas disciplinarias, incluyendo el despido» es una descripción muy común de las consecuencias, lo que es una manera bastante corporativa e inútil de decir que podría pasar casi cualquier cosa.

El enfoque del Buda era muy diferente. Era muy específico sobre el tipo de acciones que acarreaban determinadas consecuencias; y era coherente. Él seguía sus propias reglas.

Probablemente no es posible seguir este modelo exactamente en un lugar de trabajo moderno. Nuestro departamento legal no querría tratar de enumerar cada mala acción y cada consecuencia, mientras que el de Recursos Humanos probablemente se opondría al ritual de las confesiones públicas en luna llena. Ahora bien, podemos acercarnos a ello.

Si somos directivos, comenzaremos por establecer las expectativas lo más claramente posible. ¿Qué queremos que hagan nuestros empleados? Esto es más difícil de lo que parece para muchas personas. Si no estamos acostumbrados a las labores directivas, puede parecernos extraño, o incluso descortés, dar instrucciones directas a alguien. He notado que algunos nuevos directivos tratan de formular sus órdenes como sugerencias: «¿Quizás podrías intentarlo?». Muchos nuevos jefes a menudo no quieren sonar, bueno, mandones. Algunos no se molestan en dar órdenes, convenciéndose a sí mismos de que es más educado, o incluso más poderoso, permitir que los empleados resuelvan las cuestiones por sí solos. Pero la ambigüedad rara vez es empoderadora y suele resultar confusa.

Eso no significa que debamos ser muy meticulosos. Diferentes empleados necesitarán diferentes niveles de instrucción, y el Buda siempre sugirió que adaptáramos nuestros métodos a nuestra audiencia. A un carpintero experimentado, podríamos decirle: «Construye una mesa». Con alguien nuevo en la carpintería, quizás tengamos que empezar con el modo de seleccionar y preparar la madera e incluso explicarle la diferencia entre un tornillo y un clavo. Sin embargo, es preciso subrayar que lo importante en este caso es el nivel de detalle que el empleado requiere, no lo que resulta más cómodo para el jefe. En otras partes de sus reglas monásticas, el Buda prohíbe las «palabras evasivas y la frustración»,[3] y eso es exactamente lo que hacemos cuando retenemos la información que los empleados requieren.

Si alguien que trabaja para nosotros hace algo mal, tenemos que hacérselo saber y ser muy sinceros acerca de las consecuencias en el caso de que no actúe de manera diferente. Aunque esta no es probablemente una conversación fácil, es muy necesaria. Una vez más, debemos a nuestros empleados honestidad y claridad.

En ocasiones, nos sentimos renuentes a hablar negativamente de alguien, incluso de nuestros propios empleados, debido al deseo de parecer amables. Esto es comprensible y razonable. Como ya hemos señalado, el mismo Buda enseñó que era importante hablar «con una mente de bondad amorosa»,[4] pero también puso gran énfasis en la honestidad, y no consideraba que estos dos principios estuviesen en conflicto. No es *amable* no ser sinceros con nuestros empleados, incluso con las mejores intenciones. Ellos se merecen un *feedback* honesto, porque, si no lo están haciendo bien, la única manera de que mejoren es con un *feedback* de ese tipo.

Una ventaja de presentar las reglas en términos kármicos es que no hay un componente moral en ellas. Las reglas y sus consecuencias no tienen nada que ver con el valor de alguien como ser humano. El Buda nunca afirmó que incluso el monje más recto valiese más que uno a punto de ser expulsado. No se trata de eso. Por ese motivo, el mandato budista contra el asesinato también se aplica a la pena capital,[5] porque toda vida tiene valor. Y eso no cambia, aunque rompamos las reglas más serias.

Las acciones de algunas personas son simplemente incompatibles con el monacato, de la misma manera que las habilidades o el temperamento de determinados individuos son inadecuados para un trabajo en particular. No es cruel hacer que esta gente se vaya, sino que se parece más a ayudar a alguien a encontrar zapatos nuevos si los que lleva no le quedan bien.

Al mismo tiempo, también es importante ser honestos

con nosotros mismos. ¿Dónde hemos fallado en esta situación? ¿Dónde podemos hacerlo mejor? En lugar de centrarnos exclusivamente en las faltas de los demás, el Buda nos pide que consideremos «lo que nosotros mismos hemos hecho o dejado de hacer».[6]

Entonces, ¿a quién despediría el Buda? Despediría a cualquiera que cometiese una acción para la que el despido fuera la consecuencia apropiada. Y se aseguraría de que la persona entendiera dicha consecuencia desde el principio, y supiera qué acciones la habían causado. Y no la haría sentir mal por su transgresión o error, como tampoco la haría sentir inferior, sino que le desearía lo mejor, tratándola con bondad y respeto en cada momento.

22. Abandonar

En el año 2013, Steve Levitt, economista y coautor de *Freako-nomics*, llevó a cabo un audaz experimento.[1] Les pidió a distintas personas que bregaban con una decisión vital que se registraran *online* y que le permitieran tomar la decisión por ellos basándose en el lanzamiento de una moneda.* Al concluir el programa, habían participado 22.511 personas, planteando preguntas tan importantes como romper o proponer matrimonio, y tan triviales como teñirse el pelo o dejarse crecer la barba. Levitt les pidió entonces que rellenaran una serie de cuestionarios, revelando si habían seguido el «consejo» procurado por el lanzamiento de la moneda y evaluando su satisfacción, tanto a los dos meses como seis meses después.

A la hora de la verdad, no todos estaban dispuestos a permitir que el azar dictara sus elecciones vitales. Sin embargo, el 63% de los participantes se atuvieron al lanzamiento de moneda, incluyendo a más de la mitad de los que afrontaban cambios importantes en su vida.

---

* No se trataba de un lanzamiento literal de moneda, sino que un ordenador escogía aleatoriamente cara o cruz.

Muchos de los resultados coinciden con lo que nuestra intuición habitual nos aconsejaría sobre ese tipo de decisiones. En el caso de que la moneda les dijese que debían hacerlo, las personas que se preguntaban si tenían que «derrochar» en algunos gastos discrecionales eran menos felices dos meses después, pero no mostraban ninguna diferencia perceptible pasados seis meses, lo que indica un cierto remordimiento de breve duración por parte del comprador, pero ningún efecto negativo a largo plazo en las pequeñas rachas de gastos. Las personas que se pusieron a dieta como resultado del experimento tendieron a tener la experiencia opuesta, sintiéndose felices después de dos meses pero más neutrales transcurridos seis.[*]

Pero la cuestión más común que se le planteó a Levitt en el lanzamiento de moneda *online* era una gran pregunta: ¿debería dejar mi trabajo?

Si hemos leído hasta aquí, sabemos que renunciar a nuestro trabajo nunca resolverá todos nuestros problemas, si bien eso tampoco significa que no sea la decisión correcta. Y, de acuerdo a la experiencia de Levitt, el abandono del trabajo tuvo, *con mucho*, el mayor resultado positivo en la felicidad reportada por la gente transcurridos seis meses. Se puntuaron a sí mismos con un promedio de *5 puntos más altos* en una escala de felicidad de 1 a 10; es como pasar de un miserable 3 a un eufórico 8.

---

[*]   Presumiblemente porque los efectos de la mayoría de las «dietas» son de breve duración. Véase el libro *Buddha's Diet* para aprender más acerca de este particular.

¿Qué nos dice todo esto? Como explica Levitt, estos resultados nos indican que tendemos a tener «un sesgo sustancial en contra de hacer cambios cuando se trata de decisiones importantes en nuestra vida».[2] Específicamente, estamos sesgados en contra de efectuar grandes cambios, cuando, de hecho: «Quienes informan de un cambio no se encuentran en peor situación tras dos meses y están mucho mejor después de seis», concluyendo que «advertencias como que "los ganadores nunca se rinden y los que se rinden nunca ganan", aunque bien intencionadas, son en realidad un consejo extremadamente pobre».

En pocas palabras, a veces ganan los que se rinden.

Para ser claros, cambiar de trabajo no siempre es la decisión correcta. Otras investigaciones señalan que la satisfacción en el trabajo aumenta inmediatamente después de cambiar de actividad laboral, pero disminuye de nuevo con el tiempo.[3] Y, en muchos casos, las raíces de nuestra infelicidad son más profundas que nuestro trabajo.

Como ocurre con cualquier gran decisión, lo más importante es tener clara nuestra motivación. Las decisiones que emergen a partir de las «raíces insanas» de la avaricia, el odio o la falsa ilusión[4] probablemente no sean las óptimas.

Entonces, ¿cuáles serían algunas buenas razones para cambiar de trabajo? El Buda sentía que era mejor evitar ciertos trabajos porque parecían intrínsecamente ligados al sufrimiento. Estos incluían el comercio con armas, seres humanos, carne, intoxicantes y venenos.[5] Sin embargo, podríamos extenderlo a cualquier actividad que dañase directamente a los demás o fuese perjudicial para el planeta. También desanimó a sus seguidores a no secundar ninguna modalidad de adivinación o cualquier otra profesión basada en el engaño.[6] Por supuesto, depende de cada cual cómo interpretar estas pautas. En su época, el Buda no recomendaba el teatro, porque parece que sentía que era una forma de engaño.[7] Hoy en día, la industria del entretenimiento está bien asentada y es bien entendida, por lo que parece extraño considerar el teatro como una forma de mentir. Por otro lado, algunos podrían argumentar que Hollywood propaga visiones malsanas y quizás deshonestas del mundo, de manera que tal vez podría ser considerado, después de todo, como una forma de engaño.

La mayoría de los trabajos de la actualidad parecen caer en un área más bien gris: bueno para el mundo en algunos aspectos, pero quizás malo en otros. Mi trabajo en el campo de la alta tecnología no es una excepción: ayudar a la gente a conectarse y comunicarse *online* les permite difundir mensajes positivos pero también negativos. Publicar un libro quizás sea útil para los lectores, pero consume preciosos recursos ambientales. Incluso cuando enseñaba inglés a refugiados desesperados en el sudeste asiático, había personas que sentían que nuestra presencia allí animaba a las familias vulnerables a arriesgarse a huir de su país cuando lo más prudente era quedarse. Juzgar cualquiera de nuestras actividades laborales como buena o mala puede que nunca sea del todo evidente. Tendremos que llegar a nuestras propias conclusiones a este respecto.

Hoy en día, somos muchos los que tardamos bastante tiempo en encontrar la carrera adecuada. Antes de empezar en la industria de la tecnología, tuve una serie de trabajos no relacionados entre sí y pasé más de una década dedicándome a la ingeniería de *software* antes de descubrir la ciencia de los datos. No publiqué mi primer libro hasta bien entrados los cuarenta. Está bien intentar cosas diferentes en el curso de la vida, y ser honesto con uno mismo acerca de cuándo efectuamos la elección equivocada, o cuándo lo que fue la elección correcta durante algún tiempo ha dejado de ser apropiada en nuestro caso.

A veces, no somos los mejores jueces de nuestro propio talento. Hablemos con personas que nos conozcan bien y que conozcan nuestro trabajo. Tratemos de obtener una evaluación sincera de nuestras fortalezas y debilidades. El Buda no pensaba al principio que sería un buen maestro. ¡Pero estaba equivocado! Una vez creí que podía trabajar como modelo masculino en Japón.* ¡También me equivocaba! En ocasiones, los otros nos ven con mayor claridad de lo que nosotros nos vemos a nosotros mismos.

No se trata solo de elegir una profesión. Dentro de un campo determinado existe una amplia gama de empresas, puestos de trabajo y jefes. Incluso la organización más humanitaria puede tener un tirano que la dirija, haciendo que sufran todos sus empleados. Las grandes carreras tienen callejones sin salida. La mejor razón para cambiar de trabajo es reducir el sufrimiento, incluido el nuestro propio.

Por supuesto, como ya hemos comantado en el capítu-

---

* Esta es una historia real.

lo anterior, no todos los cambios laborales son voluntarios. Por eso, debemos tratar de tener en mente la orientación del Buda si alguna vez prescinden de nosotros o nos despiden. El Buda no consideraba que el desempleo fuese vergonzoso y era un feroz defensor de la ética de *no* trabajar. Perder un trabajo tal vez sea doloroso y aterrador, y nos trae dificultades reales, pero no tiene nada que ver con nuestro valor intrínseco.

Una de las enseñanzas capitales del Buda era que nada perdura para siempre. Y nuestro trabajo, nuestra carrera, no es una excepción. No importa lo que hagamos para ganarnos la vida, la mayoría de nosotros no moriremos desempeñando nuestro trabajo actual. Eso significa que, en algún momento, será hora de dejarlo. Según el Bureau of Labor Statistics, un estadounidense promedio, de 50 años de edad, habrá tenido alrededor de una docena de trabajos desde los 18 años, y la mitad de esos cambios laborales ocurrirán entre los 18 y los 24 años.[8]

Para casi todos nosotros, el cambio de trabajo –incluso de carrera– es un hecho de la vida. ¡Y eso es bueno! Es positivo encajar muchas experiencias en una sola vida. Como dijo el Buda: «Así como de un montón de flores confeccionamos numerosas guirnaldas, de igual modo, con tu vida mortal, deberías hacer muchas cosas útiles».[9]

La investigación de Levitt indica que, colectivamente, somos bastante reacios a asumir los riesgos que conllevan estas transiciones. Dicho con otras palabras, el momento adecuado para un cambio puede ser más pronto de lo que pensamos.

Parte IV:
Perfecciones

23. Dharma basado en los datos

El Buda no descubrió el primer día la meditación y el mindfulness y el resto de su sendero, sino que invirtió seis años probando prácticas y estudiando con distintos maestros. Para ser honestos, algunos de estos parecían un poco chiflados. Intentó aguantar la respiración durante tanto tiempo que sus oídos reventaron, e incluso los dioses creyeron que estaba muerto.[1] (Por fortuna, no lo estaba.) Trató de ayunar hasta el extremo, reduciendo sus comidas diarias hasta que vivió tan solo con unas pocas gotas de sopa cada día. Llegó a estar tan delgado que sus brazos parecían ramas marchitas y la piel de su vientre reposaba sobre su columna vertebral.[2]

El Buda trataba de conseguir lo mismo que todos queremos. Quería dejar de sufrir y ser feliz; y estaba dispuesto a intentar *cualquier* cosa para que eso ocurriera. Viajaría cualquier distancia y aprendería de todos los maestros. Nada era tan descabellado para que no mereciese la pena intentarlo.

A la postre, el Buda no rechazó los extremos descabellados del ayuno, la asfixia y similares porque fuesen demasiado duros, sino que los abandonó porque no le funcionaban.

El Buda creía en los datos. Cada vez que intentaba algo nuevo, prestaba atención y recogía pruebas. Descubría lo que le funcionaba y lo que no. Si algo no funcionaba, lo dejaba atrás. No se deprimía ni se quejaba, sino que tan solo se atenía a los datos.

Cuando el Buda finalmente alcanzó su despertar –cuando, de hecho, se convirtió en el Buda–, insistió en que tratásemos sus enseñanzas del mismo modo. No deseaba que ningún estudiante creyera en su palabra, sino que lo que quería es que probásemos sus enseñanzas nosotros mismos y que aprendiésemos de nuestras propias experiencias. «No sigas la tradición oral, un linaje de enseñanzas, los rumores (o) las colecciones de escrituras», aconsejaba a un discípulo en uno de sus sermones.[3] Y en otro pasaje explica: «Algo puede ser completamente aceptado por la fe, pero puede ser vacío, hueco y falso; pero otra cosa puede no ser completamente aceptada por la fe, y ser real, verdadera e inequívoca».[4]

En otras palabras, creer en algo no lo hace cierto.

Tenemos que aplicar este mismo escepticismo a todo lo que aparece en este libro. He incluido en él numerosos estudios e historias para que el lector aprenda de los datos que otros han recopilado, ¡pero también debe recopilar los suyos propios! Tenemos que ver lo que funciona en nuestro caso. Debemos observar lo que no lo hace y experimentarlo en nuestra propia vida, de igual modo que el Buda experimentó en la suya. Tenemos que aprender de nuestros éxitos y de nuestros fracasos.

Y debemos seguir planteándonos preguntas difíciles

cuando nos hallamos en el entorno laboral. Una de mis preguntas favoritas cuando estoy escuchando alguna presentación en la oficina es la siguiente: «¿Por qué crees eso?». Y no lo pregunto porque desee sumirme en una discusión –aunque la gente a veces lo toma de esa manera–, sino por verdadera curiosidad. En ocasiones, resulta ser una buena prueba de lo que dice el presentador. Pero, otras veces, no es así. A menudo aceptan una premisa debido a que tienen fe en ella, e implícitamente me piden que yo haga lo mismo, lo cual puede conducir a un peligroso pensamiento grupal, en el que ninguno de nosotros se percata de que nuestra estrategia se basa en una suposición sin fundamento.

Por otro lado, la situación opuesta también ocurre más a menudo de lo que creemos. La gente no siempre se da cuenta de lo mucho que ya sabe. Los compañeros de trabajo querrán estudiar una pregunta que estoy seguro de que ya estamos en condiciones de responder, o por lo menos de responder lo suficientemente bien. Las personas suelen buscar certezas sobre cosas que son inherentemente inciertas, y nos juzgan mal cuando sabemos lo suficiente como para seguir adelante.

A modo de ejemplo, imaginémonos que se nos preguntara por la población aproximada de los Estados Unidos.[*] Quizás recordemos haber leído la cifra en alguna parte, pero, en caso contrario, nuestra primera respuesta sería

---

[*] Pero supongamos que nos lo preguntasen en medio del desierto de Utah, sin acceso a Google o Wikipedia ni a ninguna otra fuente obvia de información.

que no lo sabemos y le diríamos a la persona que buscase el dato ella misma.

Pero si nos detenemos un momento, aunque es probable que *no* tengamos ni idea, tal vez recordemos vagamente que China tiene alrededor de 1.000 millones de personas (de hecho, un poco más). Estamos bastante seguros de que Estados Unidos tiene menos habitantes que China, de manera que sabemos que la población de Estados Unidos está por debajo de los 1.000 millones de personas. ¡Eso ya es algo!

Quizás, como me ocurre a mí, el lector viva en California, y esté bastante seguro de que California tiene alrededor de 40 millones de habitantes (en realidad, un poco menos). Por supuesto, la totalidad de Estados Unidos abarca bastante más que California, de manera que ahora sabemos que la población de Estados Unidos es de más de 40 millones. ¡Eso también es algo!

¿Podemos estrechar los datos un poco más? Acabamos de decir que Estados Unidos abarca más que California, pero ¿cuánto más? ¿Vive la mitad de la población de los Estados Unidos en California? ¡Eso no puede ser cierto! ¿Podría ser la cuarta parte? Si California fuese la cuarta parte de los Estados Unidos, eso significaría que podemos dividir los otros 49 estados (más Washington DC) en solo tres grupos, sin que cada uno de ellos sea más grande que California. Eso tampoco parece correcto. Hay solo dos o tres áreas urbanas realmente grandes dentro de California, y muchas más en los otros estados. ¿Quizás California representa entonces el 10% de la población de los Estados Unidos?

Eso significaría que podríamos dividir los otros estados en nueve grupos del tamaño de California, y eso parece ser lo más adecuado. Probablemente haya un par de clústeres del tamaño de California en el noreste, tal vez otro en el sureste, uno alrededor de Texas, unos pocos en el medio oeste y uno en el noroeste. Se me ocurre que puede haber unas nueve zonas de este tipo.

Si California fuese alrededor del 10% de los Estados Unidos, entonces la población total sería de alrededor de 400 millones. ¡Resulta que no es una estimación tan desencaminada! (La cifra real es de alrededor de 327 millones de personas.) Y esta sería una respuesta lo bastante buena para satisfacer las necesidades de quienquiera que nos preguntase.

De acuerdo con este ejemplo, empezamos creyendo que no sabíamos nada, pero sabíamos un poco: conocíamos la población aproximada de China y California, y sabíamos un poco sobre el tamaño relativo de los Estados Unidos en comparación con esos lugares. Quizás no parezca demasiado, pero ha resultado ser suficiente.

Cuando alguien me formula una cuestión difícil, a menudo me pregunto cuál es la mejor respuesta que puedo dar en ese mismo momento. En ocasiones, no puedo responder realmente, pero otras veces, al reflexionar, me doy cuenta de que sé *algo* que podría ser útil. Siempre y cuando esté abierto a las limitaciones de la respuesta inicial, no hay nada malo en compartirla. Después de todo, una estimación bastante aproximada puede ser todo lo que necesite nuestro interlocutor.

El Buda nos pidió que siguiéramos los datos, pero no podremos hacerlo a menos que sepamos cuáles son los datos de que disponemos.

Podemos pensar en lo anterior como la otra cara de la mente del principiante. En la mente del principiante, aceptamos e incluso abrazamos lo que no conocemos; pero también hemos de tener claro lo que sabemos. Debemos evitar la arrogancia de asumir que lo *sabemos* todo, y también la arrogancia de insistir en que no sabemos nada. Si nos descubrimos cayendo en cualquiera de esos extremos, probablemente estemos equivocados. La realidad se encuentra casi siempre en el punto intermedio.

Es tan importante ser honesto con uno mismo como con la gente que nos rodea. Tenemos que plantearnos preguntas difíciles sobre nuestra vida *y* nuestro trabajo y cotejar con las pruebas las respuestas que obtengamos. Prestemos atención a los datos que nos rodean y aprendamos de todo lo que intentemos, sin permitir que la arrogancia voluntaria o la fe ciega nos arrastren por el mal camino.

24. Vivir en el presente

Todo este discurso sobre el esfuerzo y los objetivos, las experiencias y los datos, acarrea el riesgo inherente de que nos olvidemos de lo increíble que es estar vivos.

Hagamos una pausa durante unos instantes para considerar el milagro de simplemente estar aquí y ahora, y tal vez leer este libro. Tantas cosas podrían haber impedido que esto ocurriera. La vida misma requiere la existencia de un conjunto de circunstancias increíblemente complejas e improbables. Existen innumerables maneras en que nuestra propia existencia podría haber terminado antes de este momento. No importa la edad que tengamos en la actualidad, muchos han muerto antes de alcanzar nuestra edad. El hecho de que estemos aquí, ahora mismo, es una hazaña increíble. Sin embargo, es fácil perderlo de vista cuando tenemos un día complicado.

Hay aspectos del trabajo que resultan tediosos. El trabajo más emocionante que imaginemos generalmente implica, al menos de vez en cuando, una pesada carga. Todos tenemos tareas mundanas, o incluso desagradables, que debemos realizar. A veces me encuentro en reuniones que me gustaría saltarme, o rellenando informes que dudo que alguien realmente necesite. Tengo días en los que el sol de California me llama para ir de excursión o nadar, y estoy atrapado dentro de casa lidiando con algún problema menor.

Sin embargo, no existe tal cosa como el trabajo sin sentido, o por lo menos no existe tal cosa como el trabajo que necesite carecer de sentido. Las tareas más básicas y rutinarias son muy adecuadas para la meditación. Los monjes zen en Japón son famosos por hacer cosas aparentemente automáticas como rastrillar arena alrededor de los jardines de los templos de Kioto, pero lo hacen con plena presencia y atención.

Cuando lucho por prestar atención en una reunión, existe la tentación de empezar a soñar despierto sobre las cosas que preferiría hacer, contando los minutos que faltan para que pueda hallarme en otro lugar. (Eso es lo que hacía durante las clases de francés de la educación secundaria.) Pero, en vez de eso, trato de hacer lo contrario. Intento concentrarme sobre dónde estoy exactamente. A veces miro alrededor de la habitación y trato de ver a cada individuo como realmente es. Intento advertir la expresión en el rostro de todos los presentes: quién está tenso, quién se siente feliz y quién está molesto. Trato de apreciar el color de sus ojos. Muchas veces me sorprende lo hermosa que es la gente –gente ordinaria– cuando realmente la observo. Cada uno es un ser humano completo, con una vida tan rica y variada como la mía. Cada uno de ellos lucha con las mismas cuestiones básicas que yo y las mismas cuestiones que el Buda. Cada uno quiere ser feliz.

Y, cuando empiezo a prestar atención a la gente en una reunión, no puedo dejar de prestar atención a la reunión en sí.

Todos tenemos malos días. Todos nos enojamos en ocasiones con nuestro jefe, con nuestros compañeros de trabajo o con nuestros clientes. Todos tenemos momentos en los que desearíamos estar en otro sitio. Sin embargo, en lugar de tomarlo como una señal para disiparnos en nuestras fantasías mentales, tratemos de encontrar algo bueno en ese momento preciso. No tiene que ser algo magnífico. Tal vez odiemos nuestra nueva tarea, pero amamos nuestra silla. Quizás nos guste el traje que hemos elegido llevar esa mañana. Puede que nos encante el sonido del teclado o la voz amistosa de un compañero de oficina. Si encontramos algo que nos guste en *ese* momento, entonces también encontraremos algo que nos guste en el momento siguiente. Porque eso es todo lo que es la vida: un momento después de otro.

Donde quiera que nos hallemos ahora, probemos el siguiente experimento. Cerramos los ojos (tras terminar de leer este párrafo) y escuchamos cada sonido, tratando de no juzgarlo, clasificarlo o incluso identificarlo. Simplemente lo escuchamos. Si podemos dejar de lado nuestra mente exigente, hay tanta música en el sonido del tráfico apresurado como en el murmullo de un arroyo. Mientras escribo estas palabras, oigo el persistente zumbido del frigorífico, el suave rugido del agua hirviendo en la tetera, el tenue tictac de mi reloj y un pájaro rebelde o dos cantando en el exterior. Cada uno de ellos posee su propia y sutil belleza.

Intentemos identificar estos destellos de belleza en cada momento. Buena parte de la vida laboral parece conspirar contra ello y constantemente nos arrastra de una tarea a otra, siempre pensando en todo lo que nos queda por hacer. El maestro zen vietnamita Thich Nhat Hanh explica: «Muchas veces estamos tan ocupados que nos olvidamos de lo que estamos haciendo e incluso de quiénes somos».[1] Sin embargo, podemos resistirnos a caer en la inconsciencia y la distracción. Todo lo que tenemos que hacer es aprovechar este momento para estar exactamente donde estamos. Y Thich Nhat Hanh continúa diciendo: «Si nos instalamos en el momento presente, contemplamos la belleza y la maravilla delante de nuestros ojos».[2]

Muchos de nosotros experimentamos en el trabajo, más que en ningún otro lugar, ese tipo de olvido. Concebimos el trabajo como aquello que hacemos cuando no tenemos otra elección. Pero, en cada momento, tenemos la opción –incluso en medio de la tarea más aburrida o molesta– de elegir estar presentes y prestar atención. Ya sea rastrillando arena, rellenando hojas de cálculo, reabasteciendo la cocina o doblando suéteres, siempre podemos hacer una pausa para apreciar el milagro de estar aquí y ahora.

25. Servir a todos los seres

A medida que el budismo continuaba expandiéndose y evolucionando por toda Asia, surgió y floreció una nueva corriente que se autodenominó el *Mahayana*, o «Gran Vehículo». Sus maestros creían que nuestra tarea aquí en este mundo no consiste solo en alcanzar nuestro propio despertar, sino también en ayudar a otros a disfrutar de su propio despertar. Y juraron no abandonar este mundo hacia el nirvana hasta que todos los demás seres se uniesen a ellos. Y así, de acuerdo con la tradición Mahayana, cada uno de nosotros tiene un solo trabajo real, que se denomina el voto del *bodhisattva*, es decir, salvar a todos los seres del sufrimiento.

Parece fácil, ¿verdad?

Bien, obviamente, no lo es. Sin embargo, tal vez no sea tan complicado como creemos.

Existen muchas maneras de ayudar a los demás. No tenemos que ser médicos o enfermeras. No tenemos que viajar a una tierra devastada por la guerra, ni vivir entre los más pobres de los pobres o entre los más enfermos de los enfermos. No hay nada malo con ninguna de esas opciones, por supuesto, y algunos de nosotros nos sentimos llamados a hacerlo.

Pero el sufrimiento no es tan solo dolor o privación y ni siquiera se trata *principalmente* de eso. Nuestra riqueza material y nuestra comodidad han aumentado astronómicamente desde la época del Buda, y sin embargo el problema del sufrimiento ha persistido. Las raíces del sufrimiento van más allá de lo físico, por lo que el voto del *bodhisattva* se extiende también mucho más allá de ofrecer consuelo y apoyo material.

El Buda mismo no dedicó su vida a alimentar a los pobres. Al contrario, esperaba que los pobres le diesen de comer a él. Salía todas las mañanas a pedir limosna, incluso en las aldeas más humildes, y solo comía lo que los lugareños le ofrecían. Podemos ver, hoy en día, este mismo ritual en los países budistas. Las monjas y monjes recolectan alimentos de quienes los rodean, y no, en general, al revés.*

El Buda no hacía eso porque se sintiese con derecho a ello. Simplemente sentía que su enseñanza era el mayor servicio que podía ofrecer. Cuando las primeras escrituras budistas hablan de «compasión», no se trata tan solo de ayudarnos mutuamente, sino de ayudar a nuestros semejantes a encontrar el despertar y poner fin a su propio sufrimiento. El Buda hizo de ello su tarea vital.

Una vez más, lo anterior no quiere decir que haya algo malo en ser voluntario en un comedor público, o en hacer

---

* Hay excepciones. El maestro budista estadounidense Larry Yang cuenta la historia de que, cuando era monje en Tailandia, donaba los excedentes de su limosna a los trabajadores migrantes.[1]

donaciones a una organización benéfica, porque no es así. Muy al contrario, esas son grandes cosas que hacer.

Pero podemos ayudar a poner fin al sufrimiento sin hacer nada que parezca caridad o sintamos como tal: practicando la bondad con todos los que conocemos, ofreciendo una sonrisa o un abrazo a alguien que tiene problemas, diciendo la verdad a los que necesitan escucharla y, en suma, encarnando la calma en medio del caos.

La mayoría de los trabajos proporcionan innumerables oportunidades como estas para cumplir nuestro voto de *bodhisattva*. Algunos son sucesos grandes y dramáticos, como responder con simpatía a un colega con cáncer o a un niño muy enfermo, pero también pueden ser momentos más insignificantes. Lo importante es aprovechar, cuando se presenten, todas las oportunidades. Todavía recuerdo la mañana en que mantuve una entrevista para mi último trabajo. En medio de un día muy estresante, la recepcionista me saludó con tanta calidez y amabilidad que me tranquilizó de inmediato. Sigo dándole regularmente las gracias tres años después.

Cuando vemos a otras personas sufriendo, nos sentimos tentados a darles la espalda. Nos resulta muy doloroso, puesto que contemplar su sufrimiento nos hace sufrir a nosotros. Sin embargo, afrontar ese sufrimiento es el corazón del voto de *bodhisattva*. Todos aquellos con los que trabajamos son seres humanos. Todos ellos están sufriendo. Todos ellos desearían no sufrir, y nosotros podemos ayudarles.

El Buda no empezó queriendo convertirse en maestro. No fue por ese motivo por el que, de entrada, abandonó su palacio. Su búsqueda trataba de encontrar respuestas por sí mismo a las grandes cuestiones de la vida. Una vez que encontró sus respuestas, se conformó con alcanzar el nirvana y no pidió ser el héroe o salvador de nadie. Lo que le llevó a enseñar, y lo mantuvo ocupado en el mundo, fue su sentido de la compasión. Sentía la obligación de ayudar a otros seres a encontrar su propia liberación del sufrimiento, y para él enseñar parecía la mejor manera de hacerlo.

En nuestro caso, podemos encontrar ese mismo sentido de propósito en nuestro trabajo. Cada persona que conocemos en el entorno laboral nos brinda la oportunidad de practicar la compasión y de poner a los demás por delante de nosotros mismos. Sin embargo, situar a los demás en primer lugar no significa convertirse en un felpudo. No debemos permitir que nuestros colegas nos pisoteen, pero debemos tratar a cada uno de ellos con respeto, e incluso con amor. Como ya hemos apuntado, incluso los mensajes más difíciles han de ser transmitidos con amabilidad. Como el propio Dalái Lama ha señalado: «El tema principal del budismo es el altruismo basado en la compasión y el amor».[2] Tal vez el mundo laboral nos parezca un lugar extraño para practicar ese altruismo, pero no lo es.

No obstante, tampoco debemos detenernos ahí, porque también disponemos de muchas oportunidades para ayudar a otras personas al margen del trabajo. Hace años, una amiga mía trabó amistad con una mujer sin hogar y todavía la aloja en un motel ocasionalmente cuando las cosas se ponen muy difíciles. Otra amiga pagó un abogado de inmigración para su peluquero. Mi hija mayor está constantemente buscando mascotas perdidas y devolviéndolas a sus dueños. Mi hija menor solía llevar un almuerzo extra a la escuela para un amigo que parecía hambriento. Nunca he trabajado como salvavidas –no tengo tanta pericia como nadador–, pero en cierta ocasión saqué a un niño pequeño de una piscina porque yo estaba en el lugar correcto, en el momento adecuado, y prestaba atención.[3] A veces eso es suficiente. No importa lo que hagamos para ganarnos la vida, siempre tenemos la oportunidad de ser un *bodhisattva* aficionado en nuestro tiempo libre si prestamos atención.

Quizás nadie pensó más en esta práctica que Santideva, el primer monje mahayana de la India, que dedicó un libro entero al tema. El título de su obra maestra suele traducirse, muy apropiadamente, como «Una guía para la forma de vida del *bodhisattva*».[4] En ella, resume el camino de esta manera: «Uno no debe hacer más que aquello que sea directa o indirectamente beneficioso para todos los seres».[5]

Llevemos esa misión con nosotros a nuestro trabajo, sin importar el tipo de tarea que desempeñemos. Comprometámonos a aprovechar cada interacción como una oportunidad para hacer que el mundo sea un poco mejor. Prestar atención al modo en que hacemos las cosas afecta a quienes nos rodean. Así, no solo los ayudaremos a ellos a despertar, sino que también nos ayudaremos a nosotros.

26. ¿Tenemos que hacernos budistas?

Los Estados Unidos son, en muchos sentidos, un país religioso. Son muchos los estadounidenses que sienten profundos lazos con sus tradiciones religiosas, sobre todo con el cristianismo, pero también existen grandes y fervorosas minorías de judíos, musulmanes, hindúes, budistas y otros.

Así pues, si decimos que hemos leído este libro y estamos de acuerdo con todo lo escrito en él (¡gracias!), ¿nos convertiremos por ello en budistas?

Podríamos pensar que cualquiera que esté de acuerdo con el mensaje fundamental del Buda –en otras palabras, cualquiera que crea que el budismo es verdadero– tendría que ser calificado de budista. Sin embargo, el autor y filósofo Robert Wright, *quien de hecho escribió un libro con ese título*,[1] no se llama a sí mismo budista.

¿Qué es lo que ocurre? Wright explica su razonamiento de la siguiente manera:

> No me denomino budista, porque el budismo tradicional tiene muchas dimensiones –de creencia y ritual– que no comparto. No creo en la reencarnación, ni en las nociones relacionadas con el karma, no me inclino ante la estatua

del Buda al entrar en la sala de meditación, y mucho
menos le rezo a él ni a ninguna deidad budista. Llamarme
budista, en mi opinión, sería equiparable a una falta de
respeto a los muchos budistas, en Asia y en otros lugares,
que han heredado y sostienen una rica y bella tradición
religiosa.[2]

Yo he adoptado un enfoque diferente. Me llamo budista,
y lo he hecho durante la mayor parte de mi vida. Incluso
me he ordenado. De vez en cuando, visto mis ropas
budistas tradicionales y realizo los mismos rituales que
los monjes han llevado a cabo en los templos budistas
zen de todo Japón durante mil años, y que ahora tienen
lugar en todo el mundo. No creo en la reencarnación
literalmente ni rezo a las deidades budistas, pero me
inclino ante las estatuas del Buda cuando las veo, por
respeto al maestro original y sus enseñanzas.

Sin embargo, ya basta de hablar de mí y de un filósofo
al que nadie conoce. ¿Qué hay del lector? ¿*Se* convertirá
en budista?

Por supuesto, no puedo responder a esa pregunta en
nombre de nadie. Algunas personas encuentran sustento
y apoyo en la larga trayectoria de la práctica budista que
ha dado lugar a las ideas expuestas en este libro. Para
ellos, identificarse con esa condición y situarse en ese
linaje es reconfortante y tal vez útil a la hora de desarrollar
una práctica de mindfulness. Después de todo, aunque
otras religiones hayan producido pensamientos similares,
esta interpretación particular del mindfulness y las ideas

relacionadas se derivan de la línea específica de maestros que se inició con el Buda hace unos 2.500 años. Cuando aquellos dos comerciantes se convirtieron en los primeros budistas, todo lo que hicieron fue refugiarse en el Buda y sus enseñanzas. Tal vez sintamos que también encontramos refugio, consuelo o inspiración en ellas.

Otras personas seguirán experimentando un fuerte vínculo con su religión de nacimiento. Quizás, a pesar de apreciar las enseñanzas del Buda, todavía creamos profundamente en las enseñanzas de Cristo o Mahoma u otra gran figura religiosa al margen del budismo. Tal vez asistamos con regularidad a una iglesia, templo, sinagoga o mezquita. Puede que sigamos rezando en casa.

No hay nada malo con ninguna de esas opciones. Hay una historia en los *sutras* sobre un rico padre de familia, llamado Upali, que conoció al Buda y se convirtió en su discípulo. Estaba tan enamorado de su nueva fe que le dijo al Buda que, a partir de ese momento, solo le haría donaciones a él y a sus seguidores y no a sus anteriores maestros espirituales. El Buda le dijo entonces que de ningún modo, que la familia de Upali había apoyado durante mucho tiempo a esos otros maestros y que él debería seguir haciéndolo.[3] El Buda se sentía feliz de aceptar a Upali como discípulo, pero no veía ninguna razón para que rompiese con su pasado.

El budismo no es una fe que exija exclusividad, o que nos pida que renunciemos a ninguna otra creencia. El budismo no nos exige que creamos en *nada* exactamente. Como espero que ya hayamos descubierto, el budismo tiene mucho más que ver con *hacer* cosas, *practicar* cosas, tener experiencias en lugar de creencias, y luego prestar atención a esas experiencias y a los resultados obtenidos. Podemos poner etiquetas budistas a esas prácticas y experiencias. Podemos llamarnos a nosotros mismos budistas y hablar sobre la iluminación y el despertar en términos budistas, o no.

Este libro no tiene la intención de convertir a nadie al budismo. Mi objetivo es mucho más modesto, y mucho más grande al mismo tiempo. Mi objetivo es ayudar a utilizar algunas de las enseñanzas del Buda para que seamos más felices y suframos menos, sobre todo en el entorno laboral, pero también en cualquier otro lugar donde pasemos nuestro tiempo. Y no solo momentáneamente felices, sino verdaderamente, profundamente felices, o lo que los budistas llamarían despiertos, que resulta ser lo mismo.

La mayoría de las técnicas que hemos comentado probablemente ni siquiera nos parezcan demasiado religiosas o espirituales: prestar atención, buscar el equilibrio, comer y dormir bien y hacer ejercicio regularmente, establecer objetivos sanos, trabajar duro –pero no demasiado–, decir la verdad y ser amables.

Al Buda, por cierto, tampoco le importaría demasiado si nos convirtiésemos en budistas. Solo querría que nos convirtiésemos en Budas. Creo que podemos conseguirlo.

Ahora tenemos que ponernos a trabajar.

27. Lecturas recomendadas

Si queremos saber más acerca del budismo, hay buenas y malas noticias. La buena noticia es que hay *muchos* libros sobre budismo, y la mala también es que hay *muchos* libros sobre budismo.

Las propias escrituras budistas suelen ser desafiantes para los lectores modernos, pero *The Spirit of the Buda*, de Martine Batchelor (Yale University Press: New Haven, CT, 2010), incluye muchas selecciones en un estilo claro y accesible y es una maravillosa introducción; al igual que *The Dhammapada*, de Gil Fronsdal (Shambhala Publications: Boston, 2006), una traducción poética de los dichos más conocidos del Buda. Si deseamos dirigirnos directamente a los originales íntegros, las ediciones que cito en el apartado «Notas sobre las fuentes» son mis traducciones favoritas.

La mayoría de los lectores encontrarán los escritos de los maestros budistas contemporáneos mucho más accesibles. Me gusta especialmente la obra de Stephen Batchelor* *Buddhism Without Beliefs* (Riverhead Books:

---

* En efecto, es el marido de Martine. Los Batchelor son la primera pareja budista en Occidente.

Nueva York, 1997; *Budismo sin creencias*. Gaia Ediciones: Madrid, 2012) y *Why Buddhism Is True* (Simon & Schuster: Nueva York, 2017; *¿Por qué el budismo es verdad?*, Gaia Ediciones: Madrid, 2018), de Robert Wright, que se centran en la práctica y tratan de despojar de los aspectos más «místicos» a las enseñanzas del Buda. Para una introducción más «budista», el libro de Thubten Chodron *Buddhism for Beginners* (Snow Lion: Boston, 2001; *Budismo para principiantes*. Alianza Editorial: Madrid, 2019) es excelente, al igual que la inestimable joya de Zenju Earthlyn Manuel *Tell Me Something About Buddhism* (Hampton Roads: Charlottesville, 2011).

Para aprender más sobre los entresijos de la meditación, véase *Zen Mind, Beginner's Mind* (Shambhala Publications: Boston, 2004; *Mente zen, mente de principiante*. Gaia Ediciones: Madrid, 2014), de Shunryu Suzuki, que es la introducción clásica al estilo zen (que yo practico), mientras que el libro de Kathleen McDonald *How to Meditate* (Wisdom Publications: Somerville, MA, 2005) aborda el tema desde la tradición tibetana. Si deseamos conocer más cosas sobre el propio Buda, *The Buda: A Beginner's Guide*, de John S. Strong (Oneworld Publications: Oxford, Reino Unido, 2001), es sorprendentemente genial, al igual que el popular *Buda* de Karen Armstrong (Penguin: Nueva York, 2004; *Buda: una biografía*. Editorial Debate: Barcelona, 2017).

En el ámbito laboral, *Career Manifiesto,* de Mike Steib (TarcherPerigee: Nueva York, 2018), nos guiará a la hora de establecer objetivos profesionales saludables. La maravillosa obra de Alex Soojun-Kim Pang, *The Distraction Addiction* (Little, Brown and Company: Nueva York, 2013), trata el tema crucial de la distracción y la tecnología con mucho más detalle que el que abordo aquí, y merece la pena ser leído. *Radical Candor* de Kim Scott (St. Martin's Press: Nueva York, 2017) nos enseñará, como afirma su autora, «a ser un jefe que patea traseros sin perder la humanidad», siendo una lectura esencial para cualquiera que aspire a ser un jefe honesto.

Joseph Emet ha escrito un libro dedicado a técnicas de consciencia para mejorar el sueño: *Buda's Book of Sleep: Sleep Better in Seven Weeks with Mindfulness Meditation* (TarcherPerigee: Nueva York, 2012; *Mindfulness para dormir mejor*. Ediciones Oniro: Barcelona, 2013). Si hemos elegido el yoga como nuestra modalidad favorita de ejercicio –una excelente elección–, *One Simple Thing* de Eddie Stern (North Point Press: Nueva York, 2019) será un compañero valiosísimo.

Mi primer libro, *Buda's Diet*, escrito en colaboración con mi querida amiga Tara Cottrell, tiene bastantes cosas que decir acerca de la dieta y el ejercicio (y también del budismo). Estos son temas increíblemente importantes que solo hemos tocado aquí. Poner en orden esa faceta de nuestra vida realmente merece la pena en el ámbito laboral. Si el lector ha disfrutado del presente libro, es probable que también le guste *Buda's Diet*. Y, si no le gusta este libro, no debería pedirme consejos de lectura.

Agradecimientos

El presente libro no habría sido posible sin mi familia, que me dejó todo el tiempo para escribir durante el último año, cuando quizás debería haberme centrado más en ellos. Así pues, gracias Dina, Anna y Maxine. A mi agente, Laura Dail, y mi editora, Jennifer Kasius, quienes creyeron en el libro mucho antes que yo, proporcionándome el ánimo y la paciencia que tanto necesitaba mientras lo escribía. Aunque no pude convencerla de que lo escribiera conmigo, mi compañera de redacción y amiga, Tara Cottrell, sigue siendo una inspiración y un apoyo, y me envió un mensaje de texto con muchas buenas ideas que he recogido en el texto. Mi amiga Irina Reyn me brindó una mirada crítica cuando estaba luchando por progresar y me ayudó a ver en qué se podía convertir este proyecto.

He trabajado en numerosas empresas a lo largo de los años y he aprendido de todas ellas. Esos trabajos me han dejado espacio para pensar más profundamente en la conexión entre mi práctica budista y mi vida laboral, algo que luego ha aportado el fundamento de buena parte de lo recogido en estas páginas.

Comencé a escribir este libro más seriamente durante

una breve estancia en el Tassajara Zen Mountain Center. Estoy agradecido a todos los que me acogieron en ese lugar y a quienes me ayudan a mantener esa presencia budista única en Occidente.

Nota sobre las fuentes

La Pali Text Society, una venerable institución británica fundada por intrépidos eruditos en el año 1881 –y sigue vigente–, estableció un sistema exhaustivo para citar las antiguas escrituras budistas, de modo que el mismo pasaje se pueda encontrar en cualquier traducción, de igual modo que se puede buscar «Lucas 6:31» en cualquier edición del Nuevo Testamento. Desgraciadamente, el sistema budista es muy complicado (una referencia típica, por ejemplo, sería la siguiente: «SN 22.59; III 67, 25»), por lo que no lo he utilizado en el libro. En su lugar, ofrezco simples referencias a páginas utilizando mis traducciones favoritas de cada texto, pertenecientes por lo general a la hermosa serie *Teachings of the Buda*, de Wisdom Publications. Esto resultará mucho más sencillo para la mayoría de los lectores, aunque más difícil si se quiere encontrar el pasaje equivalente en otra traducción. Sigo esta misma práctica para las escrituras que no son pali, simplemente citando la traducción específica que he preferido utilizar.

Notas finales

Introducción: El despertar en el trabajo

1. U.S. Travel Association, Project: Time Off, *The State of the American Vacation* (2018).
2. Joel Goh, Jeffrey Pfeffer y Stefanos A. Zenios, «The Relationship between Workplace Stressors and Mortality and Health Costs in the United States», *Management Science* (2016) 62:2, págs. 608-628. https://doi.org/10.1287/ mnsc.2014.2115.
3. Caroline Foley Rhys Davids, «Notes on Early Economic Conditions in Northern India», *Journal of the Royal Asiatic Society of Great Britain and Ireland* (1901), págs. 859-888. http:// www.jstor.org/stable/25208356.

1. ¿Por qué trabajar?

1. I.B. Horner, *The Book of Discipline*, vol. IV (The Pali Text Society: Oxford, GB, 1951), págs. 5-6.
2. Mohan Wijyayaranta, *Buddhist Monastic Life: According to the Sources of the Theravada Tradition* (Cambridge University Press: Cambridge, GB, 1990), pág. 164.
3. Bhikkhu Bodhi, *The Numerical Discourses of the Buda* (Wisdom Publications, Somerville, MA: 2012), pág. 112.
4. Rupert Gethin, *Sayings of the Buda* (Oxford University Press: Oxford, GB, 2008), pág. 10.
5. Mike Steib lo amplía en su maravilloso *Career Manifesto: Discover Your Calling and Create an Extraordinary Life* (TarcherPedigree: Nueva

York, 2018), aunque lo revisó hasta convertirlo en «aprender, ganar y devolver», que a mí me resulta menos llamativo.

6. Bhikkhu Bodhi, *The Suttanipata* (Wisdom Publications: Somerville, MA, 2017), págs. 223 y 863.
7. *Ibid.*, pág. 291.
8. Bhikkhu Bodhi, *The Connected Discourses of the Buda* (Wisdom Publications: Somerville, MA, 2000), pág. 1597.
9. Bodhi, *The Suttanipata*, pág. 199.

2. El coste del sufrimiento

1. Véase, por ejemplo, *Thanissaro Bhikkhu, The Wings to Awakening: An Anthology from the Pali Canon* (Metta Forest Monastery: Valley Center, CA, 2018).
2. National Institute for Occupational Safety and Health, «STRESS... at Work», Centers for Disease Control and Prevention. https://www.cdc.gov/niosh/docs/99-101/.
3. Madhu Kalia, «Assessing the Economic Impact of Stress–The Modern Day Hidden Epidemic», *Metabolism* 51, n.° 6, suplemento 1 (junio, 2002): págs. 49-53.
4. Joanne H. Gavin y Richard O. Mason, «The Virtuous Organization: The Value of Happiness in the Workplace», *Organizational Dynamics* 33, n.° 4 (2014): págs. 379-392.
5. D.M. Rose, A. Seidler, M. Nübling, U. Latza, E. Brähler, E. M. Klein, J. Wiltink, M. Michal, S. Nickels, P.S. Wild, J. König, M. Claus, S. Letzel y M.E. Beutel, «Associations of Fatigue to Work-Related Stress, Mental and Physical Health in an Employed Community Sample», *BMC Psychiatry* 17, n.° 1 (5 de mayo de 2017), pág. 167. doi: 10.1186/s12888-017-1237-y.
6. Kristina Holmgren, Synneve Dahlin-Ivanoff, Cecilia Björkelund y Gunnel Hensing, «The Prevalence of Work-Related Stress, and Its Association with Self-Perceived Health and Sick-Leave, in a Population of Employed Swedish Women», *BMC Public Health* 9 (2009), pág. 73. doi: 10.1186/1471-2458-9-73.

7. Daniel C. Ganster y John Schaubroeck, «Work Stress and Employee Health», *Journal of Management* 17, número 2 (1 de junio de 1991), págs. 235-227. doi: 10.1177/014920639101700202.

8. Kalia, «Assessing the Economic Impact of Stress».

9. Helge Hoel, «The Cost of Violence/Stress at Work and the Benefits of a Violence/Stress-Free Working Environment», Report Commissioned by the International Labour Organization (2001). http://www.ilo.org/safework/info/publications/WCMS_108532/lang-en/index.htm

10. Jeffrey Pfeffer, *Dying for a Paycheck* (Harper Collins: Nueva York, 2018), pág. 1. (*El trabajo nos está matando y a nadie le importa.* Editorial Empresarial: Madrid, 2019).

11. Kalia, «Assessing the Economic Impact of Stress».

12. T.A. Wright y B.A. Straw, «Affect and Favorable Work Outcomes: Two Longitudinal Tests of the Happy-Productive Worker Thesis», *Journal of Organizational Behavior* 20 (1999): págs. 1-23.

13. Andrew J. Oswald, Eugenio Proto y Daniel Sgroi, «Happiness and Productivity», *Journal of Labor Economics* 33, n.° 4 (2015), págs. 789-822.

14. Cynthia D. Fisher, «Happiness at Work», *International Journal of Management Reviews* 12 (2010): págs. 384-412. doi:10.1111/j.1468-2370.2009.00270.x.

15. John M. Zelenski, Steven A. Murphy y David A. Jenkins, «The Happy-Productive Worker Thesis Revisited», *Journal of Happiness Studies* 9, número 4 (diciembre, 2008), págs. 521-537. doi: 10.1007/s10902-008-9087-4.

16. Lisa C. Walsh, «Does Happiness Promote Career Success? Revisiting the Evidence», *Journal of Career Assessment* 26, número 2 (2018), págs. 199-219.

3. El budismo fue un principio

1. Heinz Bechert, *When Did the Buda Live?: Controversy on the Dating of the Historical Buda* (Sri Satguru Publications: Nueva Delhi, India, 1995).

2. Christopher Titmuss, *The Political Buda* (Lulu.com: Morrisville, NC, 2018).

3. Bhikkhu Bodhi, *The Numerical Discourses of the Buda* (Wisdom Publications: Somerville, MA, 2012), págs. 240 y 1642.
4. Edward Conze, *Buddhist Scriptures* (Penguin Books: Londres 1959), pág. 39.
5. Bhikkhu Nanamoli y Bhikkhu Bodhi, *The Middle Length Discourses of the Buda* (Wisdom Publications: Somerville, MA, 1995), pág. 260.
6. *Ibid.*, pág. 534.
7. Moshe Walshe, *The Long Discourses of the Buda* (Wisdom Publications: Somerville, MA, 1987), pág. 408.
8. Bhikkhu Bodhi, *The Suttanipata* (Wisdom Publications: Somerville, MA, 2017), pág. 178.
9. Walshe, *The Long Discourses of the Buda*, pág. 270.
10. Bhikkhu Bodhi, *The Connected Discourses of the Buda* (Wisdom Publications: Somerville, MA, 2000), pág. 1644.

4. La gran idea del Buda

1. H.W. Schuman, *The Historical Buda: The Times, Life and Teachings of the Founder of Buddhism*, traducido por M. O'C Walshe (Motilal Banarsidass Publishers: Delhi, India, 1989), pág. 22.
2. Mathew Meghaprasara, *New Guide to the Tipitaka: A Complete Reference to the Buddhist Canon* (A *Sangha* of Books: Regina, Saskatchewan, 2013), págs. 5-6.
3. Schuman, *The Historical Buda*, pág. 4.
4. Richard Solomon, *The Buddhist Literature of Ancient Gandhāra* (Wisdom Publications: Somerville, MA, 2018), págs. 1-3.
5. Véase, por ejemplo, Cheri Huber, *Suffering is Optional* (Keep It Simple Books: Murphys, CA, 2000).

5. Prestar atención

1. Jon Kabat-Zinn, «An Outpatient Program in Behavioral Medicine for Chronic Pain Patients Based on the Practice of Mindfulness Medita-

tion: Theoretical Considerations and Preliminary Results», *General Hospital Psychiatry* 4, número 1 (abril, 1982), págs. 33-47.

2. Bhikkhu Nanamoli y Bhikkhu Bodhi, *The Middle Length Discourses of the Buda* (Wisdom Publications: Somerville, MA, 1995), pág. 145.

3. Nyanaponika Thera, *The Power of Mindfulness* (Unity Press: San Francisco, 1972), pág. 5. (*El poder de la atención mental*. Ediciones Jaguar: Madrid, 2004).

4. Kirk Warren Brown y Richard M. Ryan, «The Benefits of Being Present: Mindfulness and Its Role in Psychological Well-Being», *Journal of Personality and Social Psychology* 84, n.° 4 (2003), págs. 822-848.

5. Darren Good, Christopher J. Lyddy, Theresa M. Glomb, Joyce E. Bono, Kirk Warren Brown, Michelle K. Duffy, Ruth A. Baer, Judson A. Brewer y Sara W. Lazar, «Contemplating Mindfulness at Work: An Integrative Review», *Journal of Management* (enero, 2016). doi: 10.1177/0149206315617003.

6. Maryanna Klatt, Beth Steinberg y Anne-Marie Duchemin, «*Mindfulness in Motion* (MIM): An Onsite Mindfulness Based Intervention (MBI) for Chronically High Stress Work Environments to Increase Resiliency and Work Engagement», *Journal of Visualized Experiments* 101 (2015), e52359. doi:10.3791/52359.

7. Amishi P. Jha, Elizabeth A. Stanley, Anastasia Kiyonaga, Ling Wong y Lois Gelfand, «Examining the Protective Effects of Mindfulness Training on Working Memory Capacity and Affective Experience», *Emotion* 10, n° 1 (2010): págs. 54-64.

8. Patrick K. Hyland, R. Andrew Lee y Maura J. Mills, «Mindfulness at Work: A New Approach to Improving Individual and Organizational Performance», *Industrial and Organizational Psychology* 8, n.° 4 (diciembre, 2014), págs. 576-602. doi: 10.1017/iop.2015.41.

9. Ruth Q. Wolever, Kyra J. Bobinet, Kelley McCabe, Elizabeth R. Mackenzie, Erin Fekete, Catherine A. Kusnick y Michael Baime, «Effective and Viable Mind-Body Stress Reduction in the Workplace: A Randomized Controlled Trial», *Journal of Occupational Health Psychology* 17, n.° 2 (2012), págs. 246-258. doi: 10.1037/a0027278.

10. Kimberly Schaufenbuel, «Why Google, Target, and General Mills Are Investing in Mindfulness», *Harvard Business Review* (28 de diciembre de 2015).

6. Meditar como un Buda

1. Bhikkhu Nanamoli y Bhikkhu Bodhi, *The Middle Length Discourses of the Buda* (Wisdom Publications: Somerville, MA, 1995), pág. 260.
2. Véase, por ejemplo, Bhikkhu Analayo. *Satipatthana: The Direct Path to Realization* (Windhorse Publications: Cambridge, GB, 2003).
3. Nanamoli y Bodhi, *The Middle Length Discourses of the Buda*, pág. 145.
4. *Ibid.*, pág. 146.
5. *Ibid.*, pág. 155.
6. *Ibid.*, pág. 147.
7. Gil Frondsal, *The Dhammapada* (Shambhala Publications: Boulder, CO, 2005), pág. 1.
8. Peter W. Mayer y William B. DeOreo, «Residential Uses of Water», *American Water Works Association* (1999).
9. Su Santidad el XIV Dalái Lama del Tíbet, «Routine Day», DalaiLama. com. http://www.dalailama.com/the-dalai-lama/biography-and-daily-life/a-routine-day

7. El problema con la experiencia

1. Carl Bielfeld, *Dogen's Manual of Zen Meditation* (University of California Press: Berkeley, 1988), pág. 195.
2. Eleanor Rosch, «Beginner's Mind: Paths to the Wisdom Not Learned», en *Teaching for Wisdom*, editado por Michal Merrari y Georges Potworowski (Springer Science+Business Media: Nueva York, 2008).
3. Shunryu Suzuki, *Zen Mind, Beginner's Mind* (Weatherhill: Nueva York, 1970), pág. 21. (*Mente zen: mente de principiante*. Gaia Ediciones: Madrid, 2014).

4. *Ibid.*, pág. 21.
5. Joe Langford y Pauline Rose Clance, «The Impostor Phenomenon: Recent Research Findings Regarding Dynamics, Personality and Family Patterns and Their Implications for Treatment», *Psychotherapy Theory Research & Practice* 30, n.° 3 (diciembre, 1992), págs. 495-501. doi: 10.1037/0033-3204.30.3.495.
6. Albert J. Stunkard, «Beginner's Mind: Trying to Learn Something About Obesity», *Annals of Behavioral Medicine* 13, número 2 (1 de enero de 1991), págs. 51-56. https://doi.org/10.1093/abm/13.2.51.
7. Arlo Belshee, «Promiscuous Pairing and Beginner's Mind: Embrace Inexperience», en *Proceedings of AGILE 2005* (IEEE: Piscataway, NJ, 2005). doi: 10.1109/ADC.2005.37.
8. Sheryl I. Fontaine, «Teaching with the Beginner's Mind: Notes from My Karate Journal», *College Composition and Communication* 54, n.° 2 (diciembre, 2002), págs. 208-221. doi: 10.2307/1512146.
9. Mark Stefik y Barbara Stefik, "The Prepared Mind versus the Beginner's Mind," *Design Management Review* 16, n.° 1 (invierno, 2005), págs. 10-16.
10. Kate Crosby y Andrew Skilton, *The Bodhicaryavatara* (Oxford University Press: Oxford, GB, 1995), pág. 40.

8. Trabajar sin trabajar

1. Robert A. Henning, Pierre Jacques, George V. Kissel, Anne B. Sullivan y Sabina M. Alteras-Webb, «Frequent Short Rest Breaks from Computer Work: Effects on Productivity and Well-Being at Two Field Sites», *Ergonomics* 40, n.° 1 (1997), págs. 78-91.
2. Simone M. Ritter y Ap Dijksterhuis, «Creativity–The Unconscious Foundations of the Incubation Period», *Frontiers in Human Neuroscience* 8 (2014), pág. 215. doi: 10.3389/fnhum.2014.00215.
3. Charlotte Fritz, Allison M. Ellis, Caitlin A. Demsky, Bing C. Lin y Frankie Guros, «Embracing work breaks: Recovering from Work Stress», *Organizational Dynamics* 42 (2013), págs. 274-280.
4. Sooyeol Kim, Youngah Park y Lucille Headrick, «Employees' Micro-Break Activities and Job Performance: An Examination of Telemarketing

Employees», *Academy of Management Annual Meeting Proceedings* 1 (2015), págs. 13.943-13.943. doi: 10.5465/AMBPP.2015.169.

5. Pavle Mijovic, VanjaKović, Ivan Mačužić, Petar Todorović, Branislav Jeremić, Miloš Milovanović e Ivan Gligorijević, «Do Micro-Breaks Increase the Attention Level of an Assembly Worker? An ERP Study», *Procedia Manufacturing* 3 (2015), págs. 5074-5080.

6. Brent L.S. Coker, «Freedom to Surf: The Positive Effects of Workplace Internet Leisure Browsing», *New Technology, Work and Employment* 26, número 3 (2011), págs. 238-247. doi: 10.1111/j.1468-005X.2011.00272.

7. Fritz, *et al.*, «Embracing Work Breaks».

8. Hongjai Rhee y Sudong Kim, «Effects of Breaks on Regaining Vitality at Work: An Empirical Comparison of 'Conventional' and 'Smart Phone' Breaks», *Computers in Human Behavior* 57 (2016): págs. 160-167. doi: 10.1016/j.chb.2015.11.056.

9. Marianna Virtanen, Archana Singh-Manoux, Jane E. Ferrie, David Gimeno, Michael G. Marmot, Marko Elovainio, Markus Jokela, Jussi Vahtera y Mika Kivimäki, «Long Working Hours and Cognitive Function: The Whitehall II Study», *American Journal of Epidemiology* 169, número 5 (1 de marzo de 2009), págs. 596-605. https://doi.org/10.1093/aje/kwn382.

10. Erin Reid. «Embracing, Passing, Revealing, and the Ideal Worker Image: How People Navigate Expected and Experienced Professional Identities», *Organization Science* 26, n.° 4 (2015), págs. 997-1017. doi:10.1287/ORSC.2015.0975.

11. Thich Nhat Hanh, *Begin Peace* (Parallax Press: Berkeley, CA, 1987), pág. 47.

12. Alex Soojung-Kim Pang, «How Resting More Can Boost Your Productivity», *Greater Good Magazine* (11 de mayo de 2017).

9. El Buda en el autobús

1. J.N. Morris, J.A. Heady, P.A.B. Raffle, C.G. Roberts y J.W. Parks, «Coronary Heart Disease and Physical Activity of Work», *Lancet* 262, n.° 6795 (1953), págs. 1053-1057. https://doi.org/10.1016/S0140-6736(53)90665-5.

2. Laura E. Finch, A. Janet Tomiyama y Andrew Ward, «Taking a Stand: The Effects of Standing Desks on Task Performance and Engagement», *International Journal of Environmental Research and Public Health* 14, n.° 8 (agosto, 2017), pág. 939. doi: 10.3390/ijerph14080939.

3. Frank W. Booth, Christian K. Roberts, John P. Thyfault, Gregory N. Ruegsegger y Ryan G. Toedebusch, «Role of Inactivity in Chronic Diseases: Evolutionary Insight and Pathophysiological Mechanisms», *Physiology Review* 97, n.° 4 (1 de octubre de 2017), págs. 1351-1402. doi: 10.1152/physrev.00019.2016.

4. I-Min Lee, Eric J Shiroma, Felipe Lobelo, Pekka Puska, Steven N. Blair y Peter T. Katzmarzyk, «Impact of Physical Inactivity on the World's Major Non-Communicable Diseases», *Lancet* 380, n.° 9838 (21 de julio de 2012), págs. 219-229. doi: 10.1016/S0140-6736(12)61031-9.

5. Andreas Ströhle, «Physical activity, exercise, depression and anxiety disorders», *Journal of Neural Transmission* (Viena) 116, n.° 6 (junio, 2009), págs. 777-784. doi: 10.1007/s00702-008-0092-x.

6. Helen E. Brown, Nicholas D. Gilson, Nicola W. Burton y Wendy J. Brown, «Does Physical Activity Impact on Presenteeism and Other Indicators of Workplace Well-Being?», *Sports Medicine* 41 (2011), pág. 249. https://doi.org/10.2165/11539180-000000000-00000.

7. Candice L. Hogan, Jutta Mata y Laura L. Carstensen, «Exercise Holds Immediate Benefits for Affect and Cognition in Younger and Older Adults», *Psychology and Aging* 28, n.° 2 (junio, 2013), págs. 587-594. doi:10.1037/a0032634.

8. Marily Oppezzo y Daniel L. Schwartz, «Give Your Ideas Some Legs: The Positive Effect of Walking on Creative Thinking», *Journal of Experimental Psychology: Learning, Memory, and Cognition* 40, n.° 4 (2014), págs. 1142-1152.

9. Nicolaas P. Pronk, Brian Martinson, Ronald Kessler, Arne Beck, Gregory Simon y Philip Wang, «The Association between Work Performance and Physical Activity, Cardiorespiratory Fitness, and Obesity», *Journal of Occupational and Environmental Medicine* 46, n.° 1 (enero, 2004), págs. 19-25.

10. J.C. Coulson, J. McKenna y M. Field, «Exercising at work and self-reported work performance», *International Journal of Workplace Health Management* 1, número 3 (2008), págs. 176-197. https://doi.org/10.1108/17538350810926534.

11. Emmanuel Stamatakis, Ngaire Coombs, Alex Rowlands, Nicola Shelton y Melvyn Hillsdon, «Objectively-Assessed and Self-Reported Sedentary Time in Relation to Multiple Socioeconomic Status Indicators among Adults in England: A Cross-Sectional Study», *BMJ Open* 4 (2014) e006034. doi:10.1136/ bmjopen-2014-006034.

12. Hidde P. van der Ploeg, Tien Chey, Rosemary J. Korda, Emily Banks y Adrian Bauman, «Sitting Time and All-Cause Mortality Risk in 222,497 Australian Adults», *Archives of Internal Medicine* 172, n.° 6 (2012), págs. 494-500. doi:10.1001/archinternmed.2011.2174.

13. Avner Ben-Ner, Darla J. Hamann, Gabriel Koepp, Chimnay U. Manohar y James Levine, «Treadmill Workstations: The Effects of Walking While Working on Physical Activity and Work Performance», *PLOS ONE* 9, n.° 2 (2014), pág. e88620. https://doi.org/10.1371/journal.pone.0088620.

14. Avner Ben-Ner, Darla J. Hamann, Gabriel Koepp y James Levine, «The Effects of Walking while Working on Productivity and Health: A Field Experiment» (2 de mayo de 2012). Accesible en SRN: https://ssrn.com/abstract=2547437 o en http://dx.doi.org/10.2139/ssrn.2547437.

15. Brittany T. MacEwen, Dany J. MacDonald y Jamie F. Burr, «A Systematic Review of Standing and Treadmill Desks in the Workplace», *Preventive Medicine* 70 (2015), págs. 50-58. doi: 10.1016/j.ypmed.2014.11.011.

16. Christi S. Ulmer, Barbara A. Stetson y Paul G. Salmon, «Mindfulness and Acceptance Are Associated with Exercise Maintenance in YMCA Exercisers», *Behavioral Research and Therapy* 48, n.° 8 (agosto, 2010), págs. 805-809. doi: 10.1016/j.brat.2010.04.009.

17. Katy Tapper, Christine Shaw, Joanne Ilsley, Andrew J. Hill, Frank W. Bond y Laurence Moore, «Exploratory randomised controlled trial of a mindfulness-based weight loss intervention for women», *Appetite* 52, número 2 (abril, 2009), págs. 396-404. https://doi.org/10.1016/j.appet.2008.11.012.

18. Teresa D. Hawkes, Wayne Manselle y Marjorie H. Woollacott, «Cross-Sectional Comparison of Executive Attention Function in Normally Aging Long-Term *T'ai Chi*, Meditation, and Aerobic Fitness Practitioners Versus Sedentary Adults», *Journal of Alternative and Complementary Medicine* 20, n.° 3 (1 de marzo de 2014), págs. 178-184. doi: 10.1089/acm.2013.0266.

19. Anu Kangasniemi, Raimo Lappalainen, AnnaKankaanpää y TuijaTammelin, «Mindfulness Skills, Psychological Flexibility, and Psychological Symptoms among Physically Less Active and Active Adults», *Mental Health and Physical Activity* 7, número 3 (2014), págs. 121-127. https://doi.org/10.1016/j.mhpa.2014.06.005.

20. Fumio Shaku, Madoka Tsutsumi, Hideyoshi Goto y Denise Saint Arnoult, «Measuring the Effects of Zen Training on Quality of Life and Mental Health among Japanese Monk Trainees: A Cross-Sectional Study», *Journal of Alternative and Complementary Medicine* 20, n.° 5 (mayo, 2014), págs. 406-410. doi: 10.1089/acm.2013.0209.

21. Fabiana Braga Benatti y Mathias Ried-Larsen, «The Effects of Breaking up Prolonged Sitting Time: A Review of Experimental Studies», *Medicine & Science in Sports & Exercise* 47, n.° 10 (octubre, 2015), págs. 2053-2061. doi: 10.1249/MSS.0000000000000654.

22. Markus D. Jakobsen, Emil Sundstrup, Mikkel Brandt y Lars L. Andersen, «Psychosocial Benefits of Workplace Physical Exercise: Cluster Randomized Controlled Trial», *BMC Public Health* 17 (2017), pág. 798. doi: 10.1186/s12889-017-4728-3.

23. James H. O'Keefe, Carl J. Lavie y Marco Guazzi, «Part 1: Potential Dangers of Extreme Endurance Exercise: How Much Is Too Much? Part 2: Screening of School-Age Athletes», *Progress in Cardiovascular Diseases* 57, número 4 (2014). doi: 10.1016/j.pcad.2014.11.004.

24. Kate Crosby and Andrew Skilton, *The Bodhicaryavatara* (Oxford University Press: Oxford, GB, 1995), pág. 103.

25. O'Keefe *et al.*, «Part 1: Potential Dangers of Extreme Endurance Exercise: How Much Is Too Much? Part 2: Screening of School-Age Athletes».

26. Stéphane Brutus, Roshan Javadian y Alexandra Joelle Panaccio,

«Cycling, Car, or Public Transit: A Study of Stress and Mood upon Arrival at Work», *International Journal of Workplace Health Management* 10, n.° 1 (2017), págs. 13-24. https://doi.org/10.1108/IJWHM-10-2015-0059.
27. Crosby y Skilton, *The Bodhicaryavatara*, pág. 26.

10. Dormir para despertar

1. Moshe Walshe, *The Long Discourses of the Buda* (Somerville, MA: Wisdom Publications, 1987), pág. 463.
2. Gil Frondsal, *The Dhammapada* (Boulder, CO: Shambhala Publications, 2005), pág. 84.
3. Ariana Huffington, *The Sleep Revolution* (Nueva York: Harmony Books, 2017), pág. 3.
4. Michael A. Grandner, «Sleep, Health, and Society», *Journal of Clinical Sleep Medicine* 12, n.° 1 (marzo, 2017), págs. 1-22. doi: 10.1016/j.jsmc.2016.10.012. Epub, 20 de diciembre, 2016.
5. E.R. Kucharczyk, K. Morgan y A.P. Hall, «The Occupational Impact of Sleep Quality and Insomnia Symptoms», *Sleep Medicine Review* 16, n.° 6 (diciembre, 2012), págs. 547-559. doi: 10.1016/j.smrv.2012.01.005.
6. R.C. Kessler, Patricia A. Berglund, Catherine Coulouvrat, Goeran Hajak, Thomas Roth, Victoria Shahly, Alicia C. Shillington, Judith J. Stephenson y James K. Walsh, «Insomnia and the Performance of US Workers: Results from the America Insomnia Survey», *Sleep* 34, n.° 9 (1 de septiembre de 2011), págs. 1161-1171. doi: 10.5665/SLEEP.1230.
7. Mark B. Rosekind, Kevin B. Gregory, Melissa M. Mallis, Summer L. Brandt, Brian Seal y Debra Lerner, «The Cost of Poor Sleep: Workplace Productivity Loss and Associated Costs», *Journal of Occupational and Environmental Medicine* 52, n.° 1 (enero, 2010), págs. 91-98. doi: 10.1097/JOM.0b013e3181c78c30.
8. Matthew Gibson y Jeffrey Shrader, «Time Use and Productivity: The Wage Returns to Sleep», *Review of Economics and Statistics* 100, n.° 5 (2018), págs. 783-798. https://doi.org/10.1162/rest_a_00746.
9. Irshaad O. Ebrahim, Colin M. Shapiro, Adrian J. Williams y Peter B.

Fenwick, «Alcohol and Sleep I: Effects on Normal Sleep», *Alcoholism Clinical and Experimental Research.* 37, n.° 4 (abril, 2013), págs. 539-549. doi: 10.1111/acer.12006.

10. Michael Gradisar, Amy R. Wolfson, Allison G. Harvey, Lauren Hale, Russell Rosenberg y Charles A. Czeisler, «The Sleep and Technology Use of Americans: Findings from the National Sleep Foundation's 2011 Sleep in America Poll», *Journal of Clinical Sleep Medicine* 9, n.° 12 (15 de diciembre de 2013), págs. 1291-1299. doi: 10.5664/jcsm.3272.

11. Anne-Marie Chang, Daniel Aeschbach, Jeanne F. Duffy y Charles A. Czeislera, «Evening Use of Light-Emitting eReaders Negatively Affects Sleep, Circadian Timing, and Next-Morning Alertness», *Proceedings of the National Academy of Sciences* USA 112, n.° 4 (enero, 2015), págs. 1232-1237. doi: 10.1073/pnas.1418490112.

12. YongMin Cho, Seung-Hun Ryu, Byeo Ri Lee, Kyung Hee Kim, Eunil Lee y Jaewook Choi, «Effects of artificial light at night on human health: A literature review of observational and experimental studies applied to exposure assessment», *Chronobiology International* 32, n.° 9 (2015), págs. 1294-1310. doi: 10.3109/07420528.2015.1073158.

13. Jitendra M. Mishra, «A Case for Naps in the Workplace», *Seidman Business Review* 15, número 1, artículo 9 (2009).

14. Mark R. Rosekind, Roy M. Smith, Donna L. Miller, Elizabeth L. Co, Kevin B. Gregory, Lissa L. Webbon, Philippa H. Gander y J. Victor Lebacqz, «Alertness Management: Strategic Naps in Operational Settings», *Journal of Sleep Research* n.° 4, supplement 2 (diciembre, 1995), págs. 62-66.

15. Bhikkhu Nanamoli y Bhikkhu Bodhi, *The Middle Length Discourses of the Buda* (Somerville, MA: Wisdom Publications, 1995), pág. 342.

16. Bhikkhu Bodhi, *The Connected Discourses of the Buda* (Somerville, MA: Wisdom Publications, 2000), pág. 313.

17. Bhikkhu Bodhi, *The Numerical Discourses of the Buda* (Somerville, MA: Wisdom Publications, 2012), pág. 1573.

18. David S. Black, Gillian A O'Reilly, Richard E. Olmstead, Elizabeth C. Breen y Michael R. Irwin, «Mindfulness Meditation and Improvement

in Sleep Quality and Daytime Impairment among Older Adults with Sleep Disturbances», *JAMA Internal Medicine* 175, n.° 4 (1 de abril de 2015), págs. 494-501. doi: 10.1001/jamainternmed.2014.8081.

19. Sheila N. Garland, Eric S. Zhou, Brian D. Gonzalez y Nicole Rodriguez, «The Quest for Mindful Sleep: A Critical Synthesis of the Impact of Mindfulness-Based Interventions for Insomnia», *Current Sleep Medicine Reports* 1, n.° 3 (septiembre, 2016), págs. 142-151. doi: 10.1007/s40675-016-0050-3.

11. Decir la verdad

1. Thanissaro Bhikkhu, *The Buddhist Monastic Code I* (Metta Forest Monastery: Valley Center, CA, 2013), pág. 291.
2. Moshe Walshe, *The Long Discourses of the Buda* (Somerville, MA: Wisdom Publications, 1987), pág. 462.
3. Bella M. DePaulo, Deborah A. Kashy, Susan E. Kirkendol, Melissa M. Wyer y Jennifer A. Epstein, «Lying in Everyday Life», *Journal of Personality and Social Psychology* 70 (1996), pág. 979. http://dx.doi.org/10.1037/0022-3514.70.5.979.
4. Keith Leavitt y David M. Sluss, «Lying for Who We Are: An Identity-Based Model of Workplace Dishonesty», *Academy of Management Review* 40, n.° 4 (2005). https://doi.org/10.5465/amr.2013.0167.
5. Kim Scott, *Radical Candor* (St. Martin's Press: Nueva York, 2017), pág. 10.
6. Bhikkhu Bodhi, *The Buda's Teachings on Social and Communal Harmony* (Wisdom Publications: Somerville, MA, 2016), pág. 75.
7. *Ibid.*, 81.
8. *Ibid.*, 75.
9. *Ibid.*, 60.
10. Scott, *Radical Candor*, pág. 32.
11. Kate Crosby y Andrew Skilton, *The Bodhicaryavatara* (Oxford University Press: Oxford, GB, 1995), pág. 41.
12. Bhikkhu, *Buddhist Monastic Code I*, pág. 293.
13. Bhikkhu Nanamoli y Bhikkhu Bodhi, *The Middle Length Discourses of the Buda* (Wisdom Publications: Somerville, MA, 1995), pág. 524.

14. Gil Frondsal, *The Dhammapada* (Shambhala Publications: Boulder, CO, 2005), pág. 27.

12. Budas que se pelean

1. Bhikkhu Bodhi, *The Numerical Discourses of the Buda* (Somerville, MA: Wisdom Publications, 2012), pág. 743.
2. Elfi Baillien, Jeroen Camps, Anja Vanden Broeck, Jeroen Stouten, Lode Godderis, Maarten Sercu y Hans DeWitte, «An Eye for an Eye Will Make the Whole World Blind: Conflict Escalation into Workplace Bullying and the Role of Distributive Conflict Behavior», *Journal of Business Ethics* 137, número 2 (agosto, 2016), págs. 415-429. https://doi.org/10.1007/s10551-015-2563-y.
3. Bhikkhu Bodhi, *The Buda's Teachings on Social and Communal Harmony* (Wisdom Publications: Somerville, MA, 2016), pág. 76.
4. *Ibid.*, pág. 131.

14. Lo que Yoda no hizo bien

1. Bhikkhu Bodhi, *The Connected Discourses of the Buda* (Wisdom Publications: Somerville, MA, 2000), pág. 1597.
2. Bhikkhu Bodhi, *The Noble Eightfold Path* (Pariyatti Publishing: Onalaska, WA, 2000), pág. 63. (*El noble Óctuple Sendero.* Ediciones Librería Argentina: Madrid, 2007).
3. Moshe Walshe, *The Long Discourses of the Buda* (Wisdom Publications: Somerville, MA, 1987), pág. 462.
4. Tait D. Shanafelt, Colin P. West, Jeff A. Sloan, Paul J. Novotny, Greg A. Poland, Ron Menaker, Teresa A. Rummans y Lotte N. Dyrbye, «Career Fit and Burnout among Academic Faculty», *Archives of Internal Medicine* 169, n.° 10 (2009, págs. 990-995. doi:10.1001/archinternmed.2009.70.
5. Rita Gunther McGrath, «Failing by Design», *Harvard Business Review* 89, n.° 4 (abril, 2011): págs. 76-83, 137.
6. Daw Mya Tin, *The Dhammapada: Verses & Stories* (Sri Satguru Publications: Delhi, India 1990), pág. 380.

7. Gil Fronsdal, *The Dhammapada* (Shambhala Publications: Boulder, CO, 2005), pág. 72. (Si bien he traducido el término *tatagathas* como «maestros», Fronsdal lo deja sin traducir).
8. Matthew Bortolin, *The Dharma of Star Wars* (Wisdom Publications Somerville, MA, 2015), pág. xii.

15. Acordarse de respirar

1. Mark Twain, «The Late Benjamin Franklin», *The Galaxy* (julio, 1870), págs. 138-140.
2. Kathleen Nolan, «Buddhism, Zen, and Bioethics», *Bioethics Yearbook* 3 (1993). https://doi.org/10.1007/978-94-011-1886-6_9.
3. Thich Nhat Hanh, *Breathe: You Are Alive!* (Berkeley, CA: Parallax Press, 2008), pág. 3.
4. Eddie Stern, *One Simple Thing* (Nueva York: North Point Press, 2019), pág. 171.
5. *Ibid.*, pág. 145.
6. El libro *Breathe: You Are Alive!*, de Thich Nhat Hanh, es especialmente recomendable.
7. Bhikkhu Nanamoli y Bhikkhu Bodhi, *The Middle Length Discourses of the Buda* (Somerville, MA: Wisdom Publications, 1995), pág. 943.

16. Apego y desapego

1. Oskar von Hinuber, *A Handbook of Pali Literature* (Munshiram Manoharlal Publishers: Nueva Delhi, India, 1997), pág. 24.
2. John D. Ireland, *Itivuttaka: The Buda's Sayings* (Buddhist Publication Society: Kandy, Sri Lanka, 1997), pág. 11.
3. Thomas Hugh Feeley, Jennie Hwang y George A. Barnett, «Predicting Employee Turnover from Friendship Networks», *Journal of Applied Communication Research* 36, n.° 1 (2008), págs. 56-73. https://doi.org/10.1080/00909880701799790.
4. Charlotte Fritz, Chak Fu Lam y Gretchen M. Spreitzer, «It's the Little

Things That Matter: An Examination of Knowledge Workers' Energy Management», *Academy of Management Perspectives* 25, n.° 3 (2017), págs. 28-39. http://dx.doi.org/10.5465/AMP.2011.63886528

5. Rachel Morrison, «Gender Differences in the Relationship Between Workplace Friendships and Organisational Outcomes», *Enterprise and Innovation*, 2007, pág. 33.

6. Julianna Pillemer y Nancy P. Rothbard, «Friends without Benefits: Understanding the Dark Sides of Workplace Friendship», *Academy of Management Review* 43, n.° 4 (2018). https://doi.org/10.5465/amr.2016.0309.

7. Patricia M. Sias y Daniel J. Cahill, «From Coworkers to Friends: The Development of Peer Friendships in the Workplace», *Western Journal of Communication* 62, n.° 3 (1998), págs. 273-299. https://doi.org/10.1080/10570319809374611.

8. Fritz, *et al.*, «It's the Little Things That Matter».

9. Charles A. Pierce y Herman Aguinis, «Bridging the Gap between Romantic Relationships and Sexual Harassment in Organizations», *Journal of Organizational Behavior* 18 (1997), págs. 197-200.

10. Vanessa K. Bohns y Lauren A. DeVincent, «Rejecting Unwanted Romantic Advances Is More Difficult Than Suitors Realice», *Social Psychological and Personality Science* (2018), págs. 1-9.

11. *Ibid.*

12. Bhikkhu Bodhi, *The Connected Discourses of the Buda* (Somerville, MA: Wisdom Publications, 2000), pág. 1524.

17. Equilibrarse mejor que el Buda

1. Mohan Wijyayaranta, *Buddhist Monastic Life: According to the Sources of the Theravada Tradition* (Cambridge University Press: Cambridge, GB, 1990), pág. 173.

2. Bhikkhu Bodhi, *The Suttanipata* (Wisdom Publications: Somerville, MA, 2017), pág. 223.

3. Erin Reid. «Embracing, Passing, Revealing, and the Ideal Worker Image:

How People Navigate Expected and Experienced Professional Identities», *Organization Science* 26, n.° 4 (2015), págs. 997-1017. doi:10.1287/ORSC.2015.0975.

4. Charlotte Fritz, Chak Fu Lam y Gretchen M. Spreitzer, «It's the Little Things That Matter: An Examination of Knowledge Workers' Energy Management», *Academy of Management Perspectives* 25, n.° 3 (2017), págs. 28-39. http://dx.doi.org/10.5465/AMP.2011.63886528

5. Evangelia Demerouti, Arnold B. Bakker, Sabine Sonnentag y Clive J. Fullagar, «Work Related Flow and Energy at Work and at Home: A Study on the Role of Daily Recovery», *Journal of Organizational Behavior* 33 (2012), págs. 276-295. doi: 10.1002/job.760.

6. Ellen Ernst Kossek y Brenda A. Lautsch, «Work-Life Flexibility for Whom? Occupational Status and Work-Life Inequality in Upper, Middle, and Lower Level Jobs», *Academy of Management Annals* 12, n.° 1 (2017). .https://doi.org/10.5465/annals.2016.0059.

7. Bodhi, *The Suttanipata*, pág. 742.

8. Hubert Nearman, O.B.C., traductor, *The Monastic Office* (Shasta Abbey: Mt. Shasta, CA, 1993), pág. 18.

18. No somos nuestro trabajo

1. Bhikkhu Bodhi, *The Connected Discourses of the Buda* (Somerville, MA: Wisdom Publications, 2000), págs. 901-903.

2. Rev. Angel Kyodo Williams, «Radical Challenge», en Rev. Angel Kyodo Williams, Lama Rod Owens, con Jasmine Syedullah, *Radical Dharma* (North Atlantic Books: Berkeley, CA, 2016), pág. xxiii.

3. Zenju Earthlyn Manuel, *The Way of Tenderness: Awakening through Race, Sexuality, and Gender* (Wisdom Publications: Somerville, MA, 2015), pág. 8.

19. Relacionarse con las distracciones

1. Alex Soojung-Kim Pang, *The Distraction Addiction* (Little, Brown and Company: Nueva York, 2013), pág. 15.

2. Preetinder S. Gill, Ashwini Kamath y Tejkaran S. Gill, «Distraction: An Assessment of *Smartphone* Usage in Health Care Work Settings», *Risk Management and Healthcare Policy* 5 (2012), pág. 105-114. doi:10.2147/RMHP. S34813.

3. *Ibid.*

4. Jill T. Shelton, «The Distracting Effects of a Ringing Cell Phone: An Investigation of the Laboratory and the Classroom Setting», *Journal of Environmental Psychology* 29, n.° 4 (diciembre, 2009), págs. 513-521. doi:10.1016/j.jenvp.2009.03.001.

5. Bhikku Analayo, *Early Buddhist Meditation Studies* (Barre Center for Buddhist Studies: Barre, MA, 2017), pág. 109.

6. Mihaly Csikszentmihalyi, Sami Abuhamdeh y Jeanne Nakamura, «Flow», en Mihaly Csikszentmihalyi, *Flow and the Foundations of Positive Psychology* (Dordrecht, Germany: Springer, 2014), pág. 230.

7. Shelton, «The Distracting Effects of a Ringing Cell Phone».

8. Wesley C. Clapp, Michael T. Rubens, Jasdeep Sabharwal y Adam Gazzaley, «Deficit in Switching between Functional Brain Networks Underlies the Impact of Multitasking on Working Memory in Older Adults», *Proceeding of the National Academy of Science* 108, n.° 17 (26 de abril de 2011), págs. 7212-7217. doi: 10.1073/pnas.1015297108.

9. Faria Sana, Tina Weston y Nicholas J. Cepeda, «Laptop Multitasking Hinders Classroom Learning for Both Users and Nearby Peers», *Computers & Education* 62 (marzo, 2013), págs. 24-31. https://doi.org/10.1016/j. compedu.2012.10.003.

10. Kate Crosby y Andrew Skilton, *The Bodhicaryavatra* (Oxford University Press: Oxford, GB, 1995), pág. 36.

11. Alex Soojung-Kim Pang, *The Distraction Addiction* (Little, Brown and Company: Nueva York, 2013), pág. 61.

12. *Ibid.*, pág. 62.

13. Shunryu Suzuki, *Branching Streams Flow in the Darkness* (University of California Press: Berkeley, 1999), pág. 3.

20. Mendigar la comida

1. Bhikkhu Nanamoli y Bhikkhu Bodhi, *The Middle Length Discourses of the Buda* (Wisdom Publications: Somerville, MA, 1995), pág. 134.

2. Malia Wollan, «Failure to Lunch: The Lamentable Rise of Desktop Dining», *New York Times Magazine* (27 de febrero de 2016), pág. 50.

3. Stephanie A. Boone y Charles P. Gerba, «The Prevalence of Human Parainfluenza Virus 1 on Indoor Office Fomites», *Food and Environmental Virology* 2 (2010), pág. 41.

4. Stephanie A. Boone y Charles P. Gerba, «Significance of Fomites in the Spread of Respiratory and Enteric Viral Disease», *Applied and Environmental Microbiology* 73, n.° 6 (marzo, 2007), págs. 1687-1696. doi:10.1128/AEM.02051-06. https://doi.org/10.1007/s12560-010-9026-5.

5. Thanaissaro Bhikkhu, *The Buddhist Monastic Code* (Metta Forest Monastery, Valley Center, CA, 2013), pág. 497.

6. Evangelia Demerouti, Arnold B. Bakker, Sabine Sonnentag y Clive J. Fullagar, «Work Related Flow and Energy at Work and at Home: A Study on the Role of Daily Recovery», *Journal of Organizational Behavior* 33 (2012), págs. 276-295. doi: 10.1002/job.760.

7. Jessica de Bloom, Ulla Kinnunen y Kalevi Korpela, «Exposure to Nature versus Relaxation during Lunch Breaks and Recovery from Work: Development and Design of an Intervention Study to Improve Workers' Health, Well-Being, Work Performance and Creativity», *BMC Public Health* 14 (2014), pág. 488. doi: 10.1186/1471-2458-14-488.

8. Bhikkhu Bodhi, *The Connected Discourses of the Buda* (Wisdom Publications: Somerville, MA, 2000), pág. 176.

9. Bhikkhu Anālayo, «Overeating and Mindfulness in Ancient India», *Mindfulness* 9 (2018), págs. 1648-1654. https://doi. org/10.1007/s12671-018-1009-x.

10. Véase el capítulo titulado «Food for Thought, Thought for Food», en Tara Cottrell y Dan Zigmond, *Buda's Diet* (Running Press: Philadelphia, 2016).

11. Michael T. French, Johanna Catherine Maclean, Jody L. Sindelar y Hai Fang, «The Morning After: Alcohol Misuse and Employment Problems»,

Applied Economics 43, n.° 21 (2011), págs. 2705-2720. https://doi.org/10.1080/00036840903357421.

12. Silje L. Kaspersen, Kristine Pape, Gunnhild Å. Vie, Solveig O. Ose, Steinar Krokstad, David Gunnell y Johan H. Bjørngaard, «Health and Unemployment: 14 Years of Follow-Up on Job Loss in the Norwegian HUNT Study», *European Journal of Public Health* 26, n.° 2 (abril, 2016), págs. 312-317. https:// doi.org/10.1093/eurpub/ckv224.

13. Rupert Gethin, *Sayings of the Buda: A Selection of Suttas from the Pali Nikāyas* (Oxford University Press: Oxford, GB, 2008), pág. 131.

21. ¿A quién despediría el buda?

1. Bureau of Labor Statistics, US Department of Labor, «Labor Force Statistics from the Current Population Survey» (19 de enero de 2018). https://www.bls.gov/cps/cpsaat11.htm.

2. Gil Fronsdal, *The Dhammapada* (Shambhala Publications: Boulder, CO, 2005), pág. 1.

3. Thanissaro Bhikkhu, *The Buddhist Monastic Code I* (Metta Forest Monastery: Valley Center, CA, 2013), pág. 329.

4. Bhikkhu Bodhi, *The Numerical Discourses of the Buda* (Wisdom Publications: Somerville, MA, 2012), pág. 816.

5. Damien P. Horigan, «Of Compassion and Capital Punishment: A Buddhist Perspective on the Death Penalty», *American Journal of Jurisprudence* 41 (1996). http://ccbs.ntu.edu.tw/FULLTEXT/JR-PHIL/damin2.htm; Leanne Fiftal Alarid and Hsiao-Ming Wang, «Mercy and Punishment: Buddhism and the Death Penalty», *Social Justice* 28, n.° 1 (2001), págs. 231-247. http://www.jstor.org/stable/29768067.

6. Fronsdal, *Dhammapada*, pág. 13.

22. Abandonar

1. Steven D. Levitt, «Heads or Tails: The Impact of a Coin Toss and Major Life Decisions and Subsequent Happiness», *National Bureau of Economic*

Research, Documento de Trabajo 22587 (agosto, 2016). http://www.nber.org/papers/w22487.

2. *Ibid.*, pág.16.

3. Wendy R. Boswell, John W. Boudreau y Jan Tichy, «The Relationship between Employee Job Change and Job Satisfaction: The Honeymoon-Hangover Effect», *Journal of Applied Psychology* 90, n.° 5 (septiembre, 2005), págs. 882-892.

4. Moshe Walshe, *The Long Discourses of the Buda* (Wisdom Publications: Somerville, MA, 1987), pág. 482.

5. Bhikkhu Bodhi, *The Numerical Discourses of the Buda* (Wisdom Publications: Somerville, MA, 2012), pág. 790.

6. Walshe, *Long Discourses of the Buda*, págs. 69-70.

7. Bhikkhu Bodhi, *The Connected Discourses of the Buda* (Wisdom Publications: Somerville, MA, 2000), pág. 1333.

8. Bureau of Labor Statistics, U.S. Department of Labor, «Number of Jobs, Labor Market Experience, and Earnings Growth among Americans at 50: Results from a Longitudinal Survey» (24 de agosto de 2017). https://www.bls.gov/news.

9. Gil Fronsdal, *The Dhammapada* (Shambhala Publications: Boulder, CO, 2005), pág. 14.

23. Dharma basado en datos

1. Bhikkhu Nanamoli, *The Life of the Buda* (BPS Pariyatti Editions: Onalska, WA, 2001), págs. 17-18.

2. *Ibid.*

3. Bhikkhu Bodhi, *The Numerical Discourses of the Buda* (Wisdom Publications: Somerville, MA, 2012), pág. 285.

4. Bhikkhu Nanamoli y Bhikkhu Bodhi, *The Middle Length Discourses of the Buda* (Wisdom Publications: Somerville, MA, 1995), pág. 780.

24. Vivir en el presente

1. Thich Nhat Hanh, *Present Moment, Wonderful Moment* (Parallax Press:

Berkeley, CA, 1990), pág. vii. (*Momento presente, momento maravilloso*, Ediciones Dharma: Novelda, Alicante, 1994).

2. *Ibid.*, pág. viii.

25. Servir a todos los seres

1. Larry Yang, *Awakening Together* (Wisdom Publications: Boston, 2017), págs. 41-42.

2. Su Santidad el XIV Dalái Lama, *Kindness, Clarity, and Insight* (Snow Lion: Boston, 1984).

3. Dan Zigmond, «A Toast to Paying Attention!» *Lion's Roar* (enero de 2019).

4. Stephen Batchelor, *A Guide to the Bodhisattva Way of Life* (Library of Tibetan Works and Archives: Dharamsala, India, 1999).

5. Kate Crosby y Andrew Skilton, *The Bodhicaryavatara* (Oxford University Press: Oxford, GB, 1995), pág. 43.

26. ¿Tenemos que hacernos budistas?

1. Robert Wright, *Why Buddhism Is True* (Nueva York: Simon & Schuster, 2017). (*Por qué el budismo es verdad*. Gaia Ediciones: Madrid, 2018).

2. *Ibid.*, pág. 261.

3. Bhikkhu Nanamoli y Bhikkhu Bodhi, *The Middle Length Discourses of the Buda* (Wisdom Publications: Somerville, MA, 1995), pág. 484.

Índice

editorial **K**airós

Puede recibir información sobre
nuestros libros y colecciones inscribiéndose en:

www.editorialkairos.com
www.editorialkairos.com/newsletter.html
www.letraskairos.com

Numancia, 117-121 • 08029 Barcelona • España
tel. +34 934 949 490 • info@editorialkairos.com